Pablo Escobar,
mito y monstruo

COLECCIÓN
LEGADOS

En *Legados,* cada libro es un viaje íntimo al corazón de una existencia. Biografías reveladoras, memorias conmovedoras, diarios y autobiografías luminosas componen esta colección dedicada a quienes transformaron su tiempo y dejaron una marca indeleble en la historia, el arte, la ciencia o la vida cotidiana.

Aquí se reúnen las voces de quienes vivieron intensamente, pensaron con hondura, sintieron con verdad. Desde grandes personajes públicos hasta figuras anónimas con historias memorables, *Legados* celebra el poder de la experiencia humana cuando se convierte en palabra escrita.

Una colección para los que creen que cada vida bien contada es una lección de coraje, una chispa de inspiración y una forma de eternidad. Porque toda existencia humana merece ser contada. Y recordada.

CARMEN RANGER

Pablo Escobar,
mito y monstruo

ALCARAZ
EDICIONES

© Alcaraz Ediciones, 2026
© Carmen Ranger,2026

Mare Nostrum, 44
46420 – El Perelló
Sueca, Valencia
Teléf.: (+34) 910 46 54 33
e-mail: info@ alcarazediciones.es
https://alcarazediciones.es

I.S.B.N.: 979-13-87586-54-6

Diseño y maquetación: Iván García Molinero
Printed in Spain / Impreso en España

ÍNDICE

PRÓLOGO.

FASCINACIÓN Y REPULSIÓN: EL DOBLE ROSTRO DE ESCOBAR

P ablo Emilio Escobar Gaviria sigue siendo, más de treinta años después de su muerte, una figura que provoca sentimientos encontrados de atracción y horror. La prensa internacional lo bautizó como "el zar de la cocaína" y la revista *Forbes* lo incluyó durante siete años consecutivos (1987-1993) en su lista de los hombres más ricos del planeta. En su edición de 1989 estimó su fortuna personal en "alrededor de 9.000 millones de dólares", lo que lo convertía en uno de los magnates más poderosos del hemisferio.

Pero, esa gran fortuna se construyó sobre un océano de violencia. Según datos de la Policía Nacional de Colombia, el Cartel de Medellín fue responsable directo de más de 4.000 muertes durante los años ochenta y principios de los noventa, entre ellas ministros, candidatos presidenciales, jueces, periodistas y centenares de civiles anónimos. Como recordaba el periodista Germán Castro Caycedo: "Escobar fue el hombre que puso de rodillas a un país entero. Logró que la muerte fuera una presencia cotidiana en las calles de Colombia".

El contraste entre el benefactor y el monstruo está en el corazón de su leyenda. En los barrios pobres de Medellín se recuerda aún su política del regalo y la dádiva. Construyó canchas de fútbol, levantó viviendas y repartió dinero entre familias necesitadas. Una vecina del barrio Pablo Escobar declaraba años después: "Él nos dio techo cuando nadie más se acordaba de nosotros. Para nosotros fue un héroe". Frente a este recuerdo agradecido, se impone otra memoria: la de los coches bomba, las explosiones indiscriminadas y el terror impuesto sobre la sociedad colombiana.

Sin embargo, la fascinación que genera Escobar no es un fenómeno exclusivamente colombiano. Su figura se ha transformado en mito global a través de libros, series, canciones y documentales. Pero el riesgo de esta universalización es evidente: entre la narrativa mediática y el recuerdo popular, el personaje histórico se difumina en un mosaico de verdades, medias verdades y leyendas.

Escribir una biografía de Escobar supone, por tanto, transitar un terreno minado por contradicciones. Los testimonios de sus antiguos socios, las confesiones de su familia, los informes oficiales de la Policía y la DEA, así como la extensa bibliografía periodística, ofrecen múltiples versiones de los mismos hechos. La tarea del historiador y del biógrafo no es escoger un relato único, sino confrontar las fuentes y mostrar sus divergencias. Uno de sus biógrafos más citados, Alonso Salazar, advierte en *La parábola de Pablo* (2001): "Escobar supo manipular la realidad hasta convertirla en mito. Entre lo que hizo y lo que se dice que hizo hay un océano de distorsiones". La misma advertencia la comparte el periodista estadounidense Mark Bowden, autor de *Killing Pablo* (2001): "En la historia de Escobar se mezclan los hechos con rumores imposibles de comprobar. Muchas veces lo que parecía increíble resultaba ser cierto, y lo que se contaba como verdad era simple invención".

En esta obra se adoptará un criterio claro: citar y contextualizar siempre que sea posible. Los documentos judiciales, los archivos de prensa y las memorias de protagonistas serán la base del relato. Pero también se reconocerán los límites: hay episodios —como sus supuestos vínculos con la CIA o con gobiernos extranjeros— que permanecen en la nebulosa de las hipótesis. El deber del investigador es exponerlos con rigor, señalando con precisión qué pertenece al registro documental y qué se sostiene en rumores o en testimonios de dudosa veracidad.

Pablo Escobar, mito y monstruo busca así narrar la vida de un hombre que fue capaz de acumular un poder inimaginable, sembrando al mismo tiempo terror y devoción. En estas páginas se mostrará tanto el mito del benefactor que dio techo a los pobres como el monstruo que convirtió a Colombia en uno de los países más violentos del planeta.

PARTE I. INFANCIA Y ORÍGENES

CAPÍTULO 1.
MEDELLÍN: CUNA DE UN
DESTINO TURBULENTO

P ablo Emilio Escobar nació en Rionegro, Antioquia, el 1 de diciembre de 1949, en un país que aún respiraba el aire envenenado de La Violencia, el conflicto político y social que había estallado a partir del asesinato de Jorge Eliécer Gaitán en 1948. La década de los cincuenta marcó a Colombia con una espiral de sangre y miedo. Según el informe de la Comisión de Estudios sobre la Violencia de la Universidad Nacional (1987), "entre 1946 y 1964 murieron alrededor de 200.000 personas en enfrentamientos partidistas".

El choque entre liberales y conservadores no se limitó a la política formal. Se extendió al campo, donde los campesinos se convirtieron en víctimas y actores de una guerra sin cuartel. La revista *Semana* recordaba que "el machete fue el arma de los pobres, mientras los fusiles y las escopetas eran el símbolo de los ejércitos partidistas". En Antioquia, región de grandes contrastes, la desigualdad social era evidente: Medellín comenzaba a convertirse en un polo industrial y financiero, mientras las áreas rurales permanecían sumidas en la pobreza y la marginalidad.

El historiador Marco Palacios subraya en *Violencia pública en Colombia* (1999): "El Estado era incapaz de garantizar seguridad y justicia en amplias zonas del país. La autoridad estaba en manos de caciques locales, de pistoleros al servicio de partidos o de terratenientes que imponían su ley". Ese ambiente de impunidad y clientelismo fue el caldo de cultivo en el que crecerían nuevas formas de violencia, incluidas las bandas criminales urbanas que dominarían Medellín en las décadas siguientes.

En el ámbito económico, la década de los cincuenta estuvo marcada por una industrialización desigual. Medellín se consolidaba como capital textilera y bancaria, lo que atraía mano de obra del campo. La migración interna provocó un rápido crecimiento urbano y la aparición de cinturones de miseria. El sociólogo Alonso Salazar recuerda en *No nacimos pa' semilla* (1990): "En los barrios de invasión la juventud aprendió a sobrevivir en la calle. Allí se formó una cultura del rebusque, de la ilegalidad como medio legítimo para salir adelante".

Ese fue el entorno en que nació Escobar: un país fracturado entre ricos y pobres, entre poderosos y marginados, entre un Estado débil y una sociedad habituada a resolver conflictos mediante la fuerza. La infancia de Pablo coincidió con la dictadura del general Gustavo Rojas Pinilla (1953-1957), quien, pese a prometer pacificación, gobernó con mano dura y represión. Su caída abrió paso al Frente Nacional, un pacto político entre liberales y conservadores que excluyó a otras corrientes, sembrando nuevas semillas de inconformidad y rebelión. En ese escenario turbulento, marcado por la desigualdad y el desencanto político, crecería el niño que décadas más tarde se transformaría en el narcotraficante más famoso de la historia.

Pablo Emilio Escobar Gaviria fue el tercero de siete hijos de una familia antioqueña de clase baja. Su padre, Abel de Jesús Escobar Echeverri, era campesino dedicado al cultivo de maíz y ganado menor en las zonas rurales de Antioquia. Su madre, Hermilda Gaviria Berrío, trabajaba como maestra de escuela primaria. En el relato de Juan Pablo Escobar, hijo del capo, en *Pablo Escobar: mi padre* (2014), afirma: "Mis abuelos paternos vivían con lo justo. Mi abuela Hermilda contaba que hasta los cuadernos de Pablo se los hacía ella misma, cosiendo hojas de papel".

La familia se trasladó pronto de Rionegro a Envigado, municipio contiguo a Medellín, en busca de mejores oportunidades. Envigado, que con los años se convertiría en el corazón del Cartel de Medellín, era entonces una población semiurbana marcada por la tradición conservadora, las redes de clientelismo político y un fuerte arraigo religioso. El sociólogo Luis Guillermo Vasco señala que "Envigado era una comunidad con identidad propia, con un sentido de pertenencia muy fuerte, pero también con una estructura social cerrada que marginaba a los recién llegados" (*Revista Credencial Historia*, nº 215, 2008).

Los Escobar Gaviria vivieron modestamente. Hermilda, la madre, insistía en la importancia de la educación y se enorgullecía de enseñar a leer y escribir a sus hijos. Abel, en cambio, representaba el mundo del campo y la dureza del trabajo manual. En palabras del periodista Germán Castro Caycedo: "El padre era un hombre austero, casi resignado a la pobreza, mientras la madre transmitía ambición, el deseo de que sus hijos fueran alguien en la vida" (*Colombia amarga*, 1976).

De esa dualidad —la vida rural marcada por la escasez y el impulso materno hacia la superación— nació un joven que pronto se rebeló contra las limitaciones de su entorno. En entrevistas posteriores, la propia madre de Escobar sostuvo: "Mi hijo siempre quiso más de lo que tenía. No se conformaba con lo poco. Yo lo vi desde niño, él quería ser presidente de Colombia" (*Semana*, edición especial, diciembre de 1993).

Las raíces humildes de la familia, sumadas a un entorno social desigual y a un Estado distante, configuraron el punto de partida de la vida de Escobar. No nació en el seno del privilegio, sino en la periferia, desde donde se gestaría su ambición desmedida por alcanzar poder y riqueza.

Capítulo 2.
Juventud y primeras armas

En la Medellín de los años sesenta, Pablo Escobar se adentró en el mundo del delito desde muy joven. No empezó con la cocaína ni con grandes operaciones, sino con pequeños negocios ilegales que reflejaban la precariedad de su entorno y, al mismo tiempo, su ambición precoz. Uno de sus primeros oficios consistió en contrabandear cigarrillos y electrodomésticos desde la frontera con Panamá. Según el testimonio recogido por el periodista Alonso Salazar en *La parábola de Pablo* (2001): "Escobar comenzó con negocios menores: marquillas de cigarrillos, ropa de contrabando, radios y licor. Eran las mercancías que alimentaban los mercados informales de Medellín". El joven Pablo aprendió pronto que la ilegalidad era rentable y que la ausencia del Estado facilitaba la proliferación de redes clandestinas.

Casi al mismo tiempo, se vinculó con un grupo de delincuentes dedicados al robo y comercialización de automóviles. El periodista Germán Castro Caycedo escribió: "En los años setenta, Medellín era un centro de tráfico de carros robados. Escobar se hizo conocer como un joven que negociaba autos con rapidez y sin preguntas" (*Colombia amarga*, 1976). Se trataba de un negocio que combinaba riesgo y astucia: conseguir vehículos robados, adulterar papeles y revenderlos.

La leyenda urbana sostiene que, siendo apenas un adolescente, Escobar le dijo a un compañero de colegio: "Antes de los treinta seré millonario, y antes de los cuarenta seré presidente de Colombia". Aunque esta frase nunca ha podido comprobarse de manera documental, aparece reiteradamente en testimonios recogidos por sus allegados y en obras como *El Patrón* de Astrid Legarda (2001). Lo cierto es que ya mostraba una voluntad desmesurada de ascenso social, muy superior a la de los jóvenes de su generación.

En Medellín, el contrabando y el robo de automóviles no eran delitos aislados, sino parte de una economía paralela que alimentaba a cientos de familias. El sociólogo Juan Ricardo Aparicio señala que "los márgenes de la legalidad eran difusos; en los barrios populares se consideraba natural vivir del 'rebusque', y el contrabando no era visto como crimen, sino como estrategia de supervivencia" (*Revista de Estudios Sociales*, 2005). En ese contexto, el joven Escobar no era un delincuente marginal, sino un actor emergente en un ecosistema de ilegalidad que gozaba de cierta legitimidad social.

Estos primeros pasos en el contrabando y el robo fueron la escuela delictiva de Escobar. Allí aprendió a manejar contactos, a sobornar policías locales y a moverse en la frontera entre lo legal y lo ilegal. En palabras del propio hijo del capo, Juan Pablo Escobar: "Mi padre entendió muy pronto que la corrupción era más eficaz que las armas. Con un billete lograba lo que una pistola no conseguía" (*Pablo Escobar: mi padre*, 2014).

Ese aprendizaje marcaría el inicio de una carrera que, en pocos años, lo llevaría a convertirse en el hombre más temido de Colombia. A finales de los años sesenta, Pablo Escobar ya no era solo un muchacho del rebusque que comerciaba cigarrillos y autos. Su carácter se fue endureciendo, y en las calles de Envigado comenzó a forjarse una reputación de joven audaz y temido. Según el testimonio de un antiguo conocido recogido por Alonso Salazar en *La parábola de Pablo* (2001): "Era un pelao callado, pero de cuidado. No dudaba en sacar la pistola si se trataba de defender lo suyo. No era el más grande ni el más fuerte, pero tenía una seguridad que imponía miedo". Esta disposición temprana hacia la violencia se sumaba a una ambición desmesurada, visible en su obsesión por el dinero y el poder.

Un episodio que circula en la memoria popular de Medellín habla de su primera gran osadía: el asesinato de un chofer de Envigado, del que luego se apropió el vehículo. Aunque la historia nunca se probó judicialmente, periodistas como Germán Castro Caycedo la mencionaron como ejemplo de la brutalidad con que Escobar resolvía sus negocios: "La pistola fue su garantía en los negocios, y el crimen, un medio para abrirse paso en un mundo cerrado" (*Colombia amarga*, 1976).

Con apenas veinte años, Escobar comenzó a frecuentar pistoleros y jefes de bandas locales. Envigado y Medellín eran terreno fértil para las llamadas "oficinas de cobro", grupos dedicados a cobrar deudas con intimidación y muerte. En palabras del sociólogo Luis Guillermo Vasco: "Los jóvenes sin futuro encontraban en la violencia una forma de ascenso social. La cultura del sicariato nació en ese tiempo, mucho antes de la bonanza de la cocaína" (*Revista Credencial Historia*, n° 215, 2008).

Los relatos coinciden en que Pablo Escobar se destacó por combinar la brutalidad con la inteligencia estratégica. No era un matón común: sabía cuándo intimidar, cuándo pagar, y sobre todo, cuándo seducir con generosidad aparente. Ese doble rostro —el benefactor y el asesino— empezó a delinearse ya en sus primeros años delictivos.

El propio Escobar lo expresó con frialdad en una conversación recordada por un antiguo socio, citada por Fabio Castillo en *Los jinetes de la cocaína* (1987): "Plata o plomo. Así se resuelven las cosas en Colombia. El que no entiende con plata, entiende con plomo". Esa máxima se convertiría en el emblema de toda su carrera criminal. A diferencia de otros delincuentes de su tiempo, Escobar no veía la violencia como un recurso ocasional, sino como una herramienta legítima de negociación. Esa convicción, sumada a su ambición sin límites, transformó al joven contrabandista en un actor emergente del crimen organizado de Medellín.

PARTE II. EL ASCENSO DEL NARCOTRAFICANTE

Capítulo 3.
El oro blanco

El decenio de 1970 fue la década de la metamorfosis. Si hasta entonces la cocaína había sido un polvo exótico, reservado a círculos cerrados de artistas, intelectuales o millonarios, en esos años se convirtió en mercancía global. El "oro blanco", como pronto lo bautizarían los periódicos, adquirió un aura de prestigio y un poder de seducción que trastocó sociedades enteras. Lo que antes era un lujo de élites se transformó en un negocio con redes transnacionales y con ramificaciones que iban desde las selvas andinas hasta las discotecas de Nueva York.

El epicentro inicial fue Colombia. Allí, un grupo de jóvenes ambiciosos comprendió que el tiempo de la marihuana estaba tocando a su fin y que la cocaína prometía una rentabilidad incomparable. El polvo, ligero y fácil de transportar, generaba ganancias astronómicas: un kilo que en la sierra peruana podía valer apenas mil dólares, al cruzar la frontera estadounidense se multiplicaba por diez, y en Europa alcanzaba cifras aún más delirantes.

Los cárteles aún no existían como estructuras consolidadas, pero los primeros clanes comenzaban a trazar las rutas. La cocaína viajaba en dobles fondos de maletas, en avionetas que aterrizaban en pistas clandestinas, en barcos pesqueros cargados de mercancía camuflada. Los contactos en Miami y Nueva York tejían las redes de distribución, y las discotecas del Soho y de la Florida se convirtieron en escaparates de un nuevo estilo de vida: euforia, ostentación y desenfreno.

Mientras tanto, en los Andes, campesinos empobrecidos encontraron en la hoja de coca una tabla de salvación económica. El Estado ausente y las tierras pobres no ofrecían alternativas. La pasta base, obtenida en rudimentarios laboratorios ocultos entre la selva, alimentaba un circuito que, poco a poco, fue adquiriendo una precisión industrial. Químicos improvisados, hombres de confianza y pilotos temerarios constituían la primera generación de un engranaje que se perfeccionaría con el tiempo.

Estados Unidos, principal consumidor, comenzó a alarmarse. La administración de Richard Nixon ya había declarado la "guerra contra las drogas" en 1971, pero en la práctica los flujos de cocaína se intensificaron. Las agencias antidrogas carecían de medios y, muchas veces, de voluntad política: la demanda era tan alta que las medidas represivas parecían meros paliativos. En paralelo, la cocaína se volvió símbolo de éxito en Hollywood, en Wall Street y en la música disco. El polvo blanco se esparcía como la imagen misma de la modernidad.

Los setenta, así, fueron el escenario del nacimiento de una economía subterránea que pronto rivalizaría con las industrias legales más poderosas. En cada gramo había una historia: la mano indígena que recogía las hojas, el laboratorio oculto en la espesura, el vuelo nocturno hacia el Caribe, el contacto en Miami y, finalmente, la línea esnifada en un baño de club nocturno. Una cadena perfecta de ilegalidad que, a la vez, generaba una riqueza obscena.

La cocaína ya no era solo droga: era estatus, era violencia latente, era el combustible de una cultura que glorificaba la rapidez y el exceso. Y detrás de su auge se dibujaban las siluetas de los futuros capos, hombres que aprendían rápido que el negocio del oro blanco no conocía límites ni fronteras.

En los confines de la geografía rural, donde el mapa se vuelve maleable y las fronteras administrativas se disuelven en la indiferencia del Estado, surgieron las primeras fábricas de lo ilícito: laboratorios escondidos en fincas olvidadas, en bosques que olían a humedad y a madera podrida, en caseríos apartados donde la noche parecía cómplice. No eran fábricas en sentido industrial; eran talleres furtivos, bricolaje criminal disfrazado de normalidad: corrales, galpones, cobertizos que durante el día alojaban ganado y, en la oscuridad, se convertían en el corazón palpitante del nuevo negocio.

Aquellos espacios compartían características que nadie se atrevía a inscribir en un manual: secretismo radical, rotación constante de mano de obra y una economía de supervivencia que convertía a campesinos, peones y pequeños comerciantes en piezas imprescindibles. Se operaba con estructuras móviles: mesas viejas, cubetas, botas embarradas, un sistema de avisos —a veces un silbido, a veces una luz encendida en la ventana— que avisaba de visitas no deseadas. Los laboratorios no buscaban permanencia visible; su supervivencia radicaba en la invisibilidad y la capacidad de disolverse con rapidez en el paisaje cuando las sirenas rondaban.

Detrás de cada laboratorio, sin embargo, no sólo había improvisación técnica sino organización empresarial. Había control de calidad rudimentario, empaquetado pensado para el transporte y una jerarquía clara: supervisores locales, encargados de la logística, hombres encargados de las relaciones con compradores extranjeros. El vínculo entre la fábrica oculta y el consumidor lejano se cerraba mediante una cadena de confianza construida en la clandestinidad: un piloto que conocía la pista, un intermediario en la ciudad litoral, un contacto en el puerto o en un club nocturno. La economía del riesgo se convirtió en una ciencia práctica.

A la par del desarrollo de estos talleres, se consolidaron las primeras rutas aéreas — no las de las grandes aerolíneas ni los mapas oficiales— sino un entramado de corredores volátiles que unían la sierra con el mar, la selva con el suburbio. La aviación ligera, con su simplicidad y su capacidad para tocar tierra donde no había pistas oficiales, fue la columna vertebral de ese sistema. Avionetas que podían alzar el vuelo desde una pista improvisada, a menudo un tramo de tierra compactada por hombres y bestias, o incluso desde claros en la selva, se transformaron en las mensajeras nocturnas del "oro blanco".

Estas travesías estaban trazadas con una mezcla de osadía y cálculo: rutas que evitaban los grandes corredores aéreos, escalas en islas del Caribe con controles laxos o inexistentes, aterrizajes en campos que durante el día eran potreros. Los pilotos eran, con frecuencia, exmilitares o jóvenes curtidos en la aviación general, hombres que dominaban el arte de volar fuera de tarjeta y que conocían mejor la espina dorsal del territorio que cualquier mapa oficial. Su salario no se medía sólo en dinero: era también prestigio, libertad y, para algunos, la posibilidad de un ascenso social tan rápido como ilegal.

La simbiosis entre laboratorio y pista clandestina inventó métodos de transporte que, sin ser sofisticados, eran eficaces: vuelos nocturnos, trasvases en alta mar, coordinaciones con embarcaciones menores y el uso de aeronaves para fragmentar el viaje —la cocaína podía saltar de una avioneta a otra, de un velero a un buque pesquero— minimizando así la exposición. Esta fragmentación logística convirtió al tráfico en un rompecabezas difícil de desarticular.

Pero no era sólo cuestión de movilidad. La existencia de laboratorios y rutas aéreas creó una geografía moral nueva: pueblos que prosperaban con dinero negro, autoridades silenciadas por sobres con billetes, comunidades enteras atrapadas entre la dependencia económica y la degradación social. La prosperidad inmediata que generaba el negocio —casas nuevas, motos, algún pequeño comercio— convivía con la violencia soterrada, con la llegada de hombres armados y con disputas por territorialidades que, a menudo, terminaban en sangre.

La respuesta del Estado y de los primeros organismos internacionales fue lenta y fragmentaria. Las interceptaciones aéreas eran escasas, los recursos limitados y la dispersión territorial un reto mayúsculo. El tráfico aéreo clandestino explotó esa debilidad; se alimentó de la lejanía y del silencio. Sólo con el tiempo —cuando la economía del delito adquirió magnitud y el daño social se hizo visible en las ciudades receptoras— comenzaría una lucha más organizada por controlar esos cielos y desmantelar los talleres escondidos. Pero en los años setenta, en ese periodo de naciente auge, las avionetas surcaban la noche como aves libres y los laboratorios continuaban siendo el imaginario taller donde se cocía la promesa de riqueza rápida.

Capítulo 4.
El Cartel de Medellín

El Cartel de Medellín no nació como un imperio de la noche a la mañana. Fue, más bien, una suma de talentos oscuros, de ambiciones compartidas y de un contexto histórico que favoreció el crecimiento exponencial de una organización criminal sin precedentes. A finales de los años setenta, cuando la cocaína se convirtió en la mercancía más rentable del planeta, un grupo de hombres en Antioquia supo dar forma empresarial a lo que hasta entonces era un conjunto disperso de clanes y corredores.

La organización se estructuró con una lógica empresarial: había jefes, socios, mandos medios, soldados y una red extensa de colaboradores. La jerarquía no respondía a estatutos escritos ni a una legalidad formal, sino al poder de decisión, a la capacidad de mover toneladas de cocaína y a la violencia como último argumento.

En la cúspide estaba Pablo Escobar Gaviria, figura central y símbolo de la era. Su carisma, su habilidad para combinar negocios, política y brutalidad lo convirtieron en el rostro visible del Cartel. Escobar no sólo era un capo: era un estratega que supo construir una narrativa de "hombre del pueblo" mientras levantaba una maquinaria de terror y riqueza.

A su lado, otros socios clave completaban el círculo:

- Carlos Lehder Rivas, el visionario de las rutas aéreas, obsesionado con la logística y con el sueño delirante de crear un narcoestado en la isla de Norman's Cay, en las Bahamas.

- José Gonzalo Rodríguez Gacha, "El Mexicano", cuyo olfato para los negocios y brutalidad le aseguraron control sobre extensas redes de producción y seguridad privada.

- Los hermanos Ochoa —Jorge Luis, Fabio y Juan David—, quienes aportaron capital, conexiones ganaderas y la influencia de una familia con peso social en Medellín.

La estructura no se reducía a estos nombres. Alrededor de ellos orbitaban centenares de hombres leales, desde pilotos y químicos hasta sicarios adolescentes reclutados en los barrios marginales. Cada engranaje cumplía una función específica, y el fracaso de uno significaba la muerte o el reemplazo inmediato. La disciplina era férrea, aunque nunca exenta de traiciones, pues la organización estaba cimentada tanto en la confianza como en el miedo.

La jerarquía del Cartel de Medellín funcionaba como un híbrido entre corporación y ejército:

- La cúpula directiva, formada por Escobar y sus socios principales, decidía las grandes operaciones, las alianzas internacionales y la guerra contra el Estado.

- Los mandos intermedios, responsables de coordinar laboratorios, rutas y pagos a las redes de protección política y policial.

- Los sicarios, la base visible del poder, encargados de ejecutar secuestros, asesinatos y atentados con una lealtad que se compraba con dinero, armas y un código de honor distorsionado.

A diferencia de otras organizaciones criminales de la época, el Cartel de Medellín no era un clan cerrado en torno a lazos familiares, sino una coalición pragmática de intereses. Esto le dio flexibilidad y capacidad de expansión, pero también lo hizo vulnerable a fracturas internas. Sin embargo, durante su auge, esa estructura jerárquica permitió que toneladas de cocaína atravesaran fronteras y que Medellín se convirtiera en la capital mundial del narcotráfico.

Más allá de la brutalidad, lo que distinguía al Cartel era su modernidad criminal: introdujo la figura del "socio inversionista", del "accionista de la droga", un sistema en el que empresarios locales y políticos corruptos podían invertir en un cargamento y recibir dividendos a cambio. Así, la organización no sólo extendió su red de complicidad sino que también transformó la economía regional, blanqueando fortunas en haciendas, bancos y negocios legales.

En la combinación de estos socios clave y en la claridad de su jerarquía se encontraba la fuerza de un Cartel que, durante más de una década, desafió al Estado colombiano y puso en jaque a los Estados Unidos.

El Cartel de Medellín no sólo fue una organización de tráfico; fue, sobre todo, una maquinaria de poder basada en dos columnas inseparables: la violencia y la corrupción. Ambas actuaban como brazos gemelos de un mismo cuerpo, complementándose para imponer un dominio casi absoluto sobre la ciudad, el país y, por momentos, sobre el imaginario colectivo.

La violencia fue el lenguaje más visible. Escobar y sus socios la convirtieron en un instrumento cotidiano de control: asesinatos selectivos, atentados con explosivos, secuestros, masacres y ajustes de cuentas se transformaron en la gramática del miedo. Ningún espacio estaba a salvo: calles céntricas, juzgados, estaciones de policía, redacciones de periódicos o sedes políticas podían ser blanco de la furia del Cartel. Medellín, que alguna vez había sido la "ciudad industrial de Colombia", pasó a ser bautizada como la capital mundial del crimen.

La estrategia de Escobar se sintetizaba en una frase brutal: "plata o plomo". Era un dilema sin salida: aceptar sobornos millonarios o enfrentar la muerte. Jueces, fiscales, policías y periodistas fueron colocados frente a esa disyuntiva. Muchos cedieron, algunos resistieron, y no pocos pagaron con su vida la lealtad al deber. En ese juego perverso, la corrupción se convirtió en la cara amable —y a veces casi imperceptible— de la violencia.

El dinero del Cartel penetraba todas las instituciones. Funcionarios aduaneros, policías de aeropuerto, políticos locales, banqueros y hasta diplomáticos se vieron seducidos por la abundancia de dólares. La cocaína se blanqueaba en negocios legítimos, en haciendas suntuosas, en bancos dispuestos a mirar hacia otro lado, y en una economía paralela que alteró el tejido social colombiano. Los barrios pobres, por su parte, recibían estadios, viviendas y hospitales financiados por Escobar, lo que cimentaba un aura de "benefactor" que convivía con la realidad de la muerte cotidiana.

La combinación de violencia y corrupción generó un poder casi absoluto. El Cartel no sólo desafiaba al Estado: lo reemplazaba en muchos aspectos. Donde la institucionalidad era débil, llegaba el dinero del narcotráfico para proveer empleo, resolver disputas o imponer orden. El "narco" se convirtió en juez, alcalde y patrón. Medellín vivía bajo un doble gobierno: el oficial, corroído y debilitado, y el invisible, pero omnipresente, que dictaba las reglas de la vida diaria.

El resultado fue un clima de miedo generalizado, pero también de fascinación. La violencia brutal del Cartel convivía con una corrupción que ofrecía oportunidades a quienes nunca habían tenido nada. Esa paradoja explica, en parte, el poder magnético que alcanzó Escobar: verdugo y mecenas, asesino y benefactor, símbolo de terror y de admiración.

El Cartel de Medellín descubrió que las balas podían abrir puertas, pero que el dinero mantenía esas puertas abiertas. En la combinación letal de ambas fuerzas estuvo la clave de su hegemonía. Y mientras tanto, Colombia aprendía que el verdadero poder no siempre se ejercía desde el Palacio de Nariño ni desde los escaños del Congreso, sino desde haciendas fortificadas y barrios marginales gobernados por el miedo y la dádiva.

Capítulo 5.
Vínculos internacionales

E l ascenso del Cartel de Medellín hubiera sido impensable sin el entramado internacional que le dio soporte logístico en los años setenta y ochenta. Si en Colombia se producían las toneladas de cocaína, era en el exterior donde el negocio multiplicaba sus ganancias y se consolidaba como un imperio global. En ese escenario, los contrabandistas cubanos desempeñaron un papel esencial: fueron los primeros aliados estratégicos en tender puentes entre el Caribe y los Estados Unidos. Desde Miami, la "capital del exilio cubano", se gestó una red de contactos que mezclaba nostalgia política, ambiciones personales y la experiencia adquirida en los oficios del contrabando. Muchos de estos hombres habían llegado a Florida tras la Revolución de 1959, expulsados o fugitivos, y encontraron en el tráfico ilícito —primero de bienes menores, luego de marihuana y armas— una vía rápida para sobrevivir y enriquecerse.

Los colombianos vieron en ellos socios idóneos: conocían el idioma, dominaban las rutas marítimas, tenían contactos en los puertos y, sobre todo, estaban dispuestos a asumir riesgos. Las lanchas rápidas, los cargueros pesqueros y los aviones que partían de islas del Caribe necesitaban de esas conexiones para aterrizar en el corazón del mercado estadounidense.

Uno de los nexos más notorios fue Carlos Lehder, socio del Cartel de Medellín, quien tejió una alianza con contrabandistas cubanos y estadounidenses para consolidar el tráfico a través de las Bahamas. Norman's Cay, una isla casi invisible en los mapas turísticos, se convirtió en santuario del oro blanco: pistas clandestinas, hangares improvisados y muelles vigilados por hombres armados daban forma a un paraíso criminal. Desde allí, los cargamentos cruzaban con rapidez hacia Florida, donde los distribuidores cubanos y latinoamericanos los esparcían en las calles de Miami y Nueva York.

La relación con los contrabandistas cubanos no se limitaba a la logística. También ofrecía protección y complicidad en la ciudad que pronto sería llamada "la capital del narco": Miami. Cafés, clubes nocturnos y barrios enteros del sur de la Florida funcionaban como centros de reunión, donde se mezclaban exiliados políticos, aventureros y delincuentes en un ecosistema ambiguo. Las fronteras entre contrabandista, narcotrafi-cante y activista se difuminaban.

Los cubanos aportaban no sólo rutas y contactos, sino también una red social que blindaba a los colombianos en territorio ex-tranjero. A cambio, recibían porcentajes del negocio que superaban cualquier actividad legal. La alianza era pragmática: a los unos les sobraba mercancía, a los otros les falta-ba un producto más rentable que el ron o la marihuana.

Sin embargo, esta relación también sem-bró las semillas de futuros conflictos. La DEA, al detectar la participación de contrabandis-tas cubanos en los grandes cargamentos, in-tensificó su presencia en Miami y desató ope-raciones de vigilancia sin precedentes. Las redadas en el puerto de Miami, los decomi-sos en aguas del Caribe y las persecuciones a lanchas rápidas marcaron el inicio de la "era caliente" de la Florida.

Pero durante la primera etapa, el vínculo fue vital: los contrabandistas cubanos abrie-ron las puertas del mercado estadounidense, dieron estabilidad logística a las rutas y, sin saberlo, colocaron a Medellín en el mapa del crimen global. Fue la primera gran sociedad transnacional del narcotráfico moderno, un ensayo que pronto se expandiría a México, Panamá y otras geografías.

En el universo del narcotráfico, donde los hechos se entrelazan con rumores y las verdades se camuflan entre versiones contradictorias, pocas historias han generado tanta fascinación como la supuesta relación entre Pablo Escobar y la Agencia Central de Inteligencia de Estados Unidos. Desde los años ochenta, las acusaciones de complicidad, espionaje o tolerancia selectiva han acompañado el relato del Cartel de Medellín, convirtiéndose en un terreno ambiguo donde se confunden la realidad geopolítica y la conspiración popular.

Las sospechas no eran infundadas. En plena Guerra Fría, Washington estaba más preocupado por el avance del comunismo en América Latina que por la expansión del narcotráfico. Nicaragua, El Salvador y Cuba eran escenarios prioritarios para la política exterior estadounidense. En ese contexto, no fueron pocos los que afirmaron que la CIA habría cerrado los ojos ante los cargamentos de cocaína que inundaban las calles de Miami, a cambio de obtener apoyo financiero para operaciones encubiertas contra movimientos revolucionarios en Centroamérica.

Las teorías ganaron fuerza cuando, en los años noventa, investigaciones periodísticas en Estados Unidos —como las del reportero Gary Webb— destaparon conexiones turbias entre el financiamiento de la guerrilla "contra" en Nicaragua y el dinero proveniente del narcotráfico. Aunque esas denuncias no probaron una relación directa con Escobar, alimentaron la idea de que el Cartel de Medellín pudo haber sido una pieza más dentro de la gran partida de ajedrez geopolítica.

Los mitos se amplificaron porque Escobar mismo cultivaba esa sombra. No desmentía ni confirmaba las versiones: las dejaba flotar en el aire como un escudo simbólico. Para él, ser visto como alguien con vínculos con la CIA le otorgaba un poder invisible, un halo de intocabilidad que confundía a sus enemigos y aumentaba su leyenda. El rumor era, en sí mismo, un arma.

La realidad, sin embargo, es más compleja. Los archivos desclasificados y los testimonios de agentes de la DEA muestran que la CIA nunca tuvo un pacto directo con Escobar; más bien, existió un juego de intereses cruzados. Mientras la DEA lo perseguía como prioridad número uno, ciertos sectores de la inteligencia estadounidense parecían más enfocados en utilizar las rutas de la cocaína para fines políticos en Centroamérica. Esa diferencia de prioridades alimentó la percepción de que había indulgencia o complicidad.

En Colombia, la creencia de que Escobar había tenido respaldo de la CIA se convirtió en mito popular. En las calles de Medellín se repetía que "al patrón lo protegían los gringos", que su poder era tan grande que debía venir de más arriba. La narrativa servía tanto para justificar su longevidad criminal como para explicar la debilidad del Estado frente a un solo hombre.

Con la perspectiva del tiempo, los historiadores coinciden en que lo que existió fue una coincidencia de intereses más que una alianza directa. Escobar se benefició de las fisuras de la Guerra Fría, de la prioridad estadounidense en la lucha anticomunista y de la corrupción que corrompía fronteras y aduanas. La CIA, por su parte, operaba en las sombras de Centroamérica, y su falta de acción contundente contra el narcotráfico alimentó la sospecha. En definitiva, la supuesta relación entre Escobar y la CIA sigue siendo un terreno donde los mitos superan a la evidencia. Pero esos mitos, cultivados en la rumorología popular y en el imaginario mediático, contribuyeron a forjar la figura casi mítica del capo que parecía jugar no sólo contra el Estado colombiano, sino contra los mismos Estados Unidos. Y en la lógica del miedo, esa ambigüedad fue suficiente para mantener su poder.

El auge del narcotráfico latinoamericano coincidió con uno de los periodos más tensos del siglo XX: la Guerra Fría. Mientras Estados Unidos y la Unión Soviética libraban su pulso ideológico en escenarios como Vietnam, Angola o Centroamérica, la cocaína colombiana comenzaba a inundar las calles norteamericanas. Esta simultaneidad no fue casual: las prioridades geopolíticas de Washington condicionaron la forma en que se enfrentó —o se dejó de enfrentar— al narcotráfico en sus primeras fases.

La DEA (Drug Enforcement Administration) había sido fundada en 1973, apenas dos años después de que Richard Nixon declarara la "guerra contra las drogas". Sin embargo, aquella declaración tenía más de gesto político que de estrategia real. Para la Casa Blanca, lo urgente era contener el avance comunista en América Latina: la revolución sandinista en Nicaragua, la insurgencia salvadoreña, la influencia cubana en África y el eterno fantasma de Moscú pesaban más que los cargamentos de cocaína que zarpaban del Caribe hacia Florida.

En ese contexto, el narcotráfico se convirtió en una especie de zona gris de la geopolítica. La DEA perseguía a Escobar y a los clanes colombianos con recursos limitados, mientras otras agencias del gobierno estadounidense utilizaban, directa o indirectamente, los flujos del narcotráfico para financiar operaciones encubiertas en Centroamérica. Esa contradicción interna minaba los esfuerzos reales de lucha contra las drogas.

Por un lado, las cifras de consumo en Estados Unidos eran alarmantes: a finales de los setenta, la cocaína ya no era un lujo de élites sino una epidemia urbana que se expandía por discotecas, universidades y barrios marginales. El "crack", surgido en los ochenta, sería la expresión más devastadora de esa expansión. Por otro lado, la política exterior estadounidense seguía mirando hacia La Habana y Managua, convencida de que el verdadero enemigo estaba vestido de rojo, no de blanco.

Colombia, atrapada en medio de esa lógica, vivió el peso de una doble agenda. La cooperación antidrogas era presentada como prioridad, pero muchas veces subordinada a intereses estratégicos mayores. La ayuda militar, por ejemplo, se dirigía tanto a la lucha contra las guerrillas como al combate al narcotráfico, difuminando las fronteras entre ambos enemigos. Para Washington, insurgencia y cocaína parecían parte del mismo problema, aunque en la práctica fueran fenómenos distintos.

El resultado fue un escenario paradójico: mientras la DEA lograba éxitos puntuales —incautaciones, arrestos, extradiciones—, los grandes capos continuaban expandiendo sus negocios con relativa impunidad. El Cartel de Medellín se convirtió en una multinacional del crimen al tiempo que la política estadounidense se enredaba en Centroamérica.

En la narrativa de la Guerra Fría, el narcotráfico fue un actor incómodo, un poder paralelo que crecía a la sombra de prioridades geopolíticas. No fue hasta finales de los ochenta, cuando la violencia de Escobar alcanzó un punto de no retorno con asesinatos de ministros, jueces y candidatos presidenciales, que Washington comprendió que el narcotráfico no era un problema colateral, sino un desafío central a su seguridad.

En retrospectiva, los años setenta y ochenta muestran cómo la "guerra contra las drogas" fue también una guerra de relatos: entre la retórica oficial y la realidad en las calles; entre la lucha declarada y la tolerancia práctica; entre la política exterior y la urgencia social. En esa contradicción, el Cartel de Medellín floreció y se fortaleció, aprovechando la miopía estratégica de una superpotencia más preocupada por el comunismo que por la cocaína.

PARTE III. POLÍTICA, GUERRILLAS Y ESTADO

Capítulo 6.
Escobar en la política colombiana

A comienzos de la década de 1980, Pablo Escobar Gaviria ya era mucho más que un próspero contrabandista o un capo de cocaína. Había amasado una fortuna inimaginable, levantado haciendas que parecían parques temáticos y sembrado su poder en los barrios populares de Medellín. Pero el dinero, aunque desbordante, no bastaba. Escobar ansiaba otra cosa: legitimidad. Y en Colombia, país de profundas desigualdades y débiles instituciones, el camino hacia la respetabilidad pasaba por la política.

El salto fue audaz, pero calculado. Escobar entendió que el Congreso de la República podía ofrecerle lo que ni sus sicarios ni su oro blanco podían darle: inmunidad, reconocimiento y un asiento en el corazón mismo del Estado. Su entrada no fue en solitario, sino a través de alianzas con sectores del Partido Liberal, que en Antioquia buscaba votos frescos y recursos para financiar campañas. En 1982,

Escobar consiguió ser elegido representante suplente a la Cámara por Medellín dentro de las listas liberales lideradas por Jairo Ortega, un político pragmático que no se inquietaba demasiado por los rumores que envolvían al joven empresario. Oficialmente, Escobar se presentaba como "empresario emergente": dueño de negocios de importación, benefactor de barrios populares, mecenas de equipos de fútbol y constructor de viviendas sociales. La realidad de sus cargamentos de cocaína quedaba enterrada bajo una montaña de discursos sobre progreso, modernización y justicia social.

En el recinto del Capitolio, Escobar cultivó una fachada de respetabilidad cuidadosamente construida. Vestía trajes impecables, asistía puntualmente a las sesiones, repartía sonrisas y buscaba aparecer en fotografías al lado de figuras reconocidas. Su capacidad para moverse con soltura entre los pasillos del poder sorprendía a quienes todavía lo veían como un advenedizo. En sus discursos hablaba de desarrollo, de vivienda para los pobres, de soberanía nacional frente a la presión de Estados Unidos. Era, en apariencia, un político más. Pero detrás de esa fachada, todo estaba pensado como estrategia de supervivencia. Ser congresista lo acercaba a círculos de decisión, le otorgaba un blindaje frente a investigaciones judiciales y le permitía mirar a los ojos a quienes lo señalaban como narcotraficante. Ante las cámaras, Escobar era el "doctor", el "representante Escobar Gaviria"; en las noches, seguía siendo el patrón que movía toneladas de cocaína hacia Miami.

La población, especialmente los sectores más pobres, veía en él un símbolo de movilidad social. "Uno de los nuestros en el Congreso", decían en los barrios donde Escobar había construido canchas de fútbol y repartido billetes en Navidad. Para esas comunidades, el origen ilícito de su fortuna importaba menos que el hecho tangible de contar con alguien que atendía necesidades que el Estado ignoraba.

La llegada de Escobar al Congreso fue, pues, una maniobra maestra: consiguió disfrazar al criminal de legislador, vestir al capo de estadista. En esos años iniciales, su proyecto político parecía avanzar con éxito, aunque en los pasillos más lúcidos de Bogotá muchos comenzaban a murmurar que aquella fachada no tardaría en agrietarse. Y cuando la grieta se abrió, lo hizo con violencia, arrastrando al país entero en su estela.

La incursión de Pablo Escobar en la política colombiana no fue un acto aislado ni fruto exclusivo de su ambición personal. Respondía también a un contexto en el que los partidos tradicionales —el Liberal y el Conservador— vivían una profunda crisis de legitimidad. La corrupción, la violencia partidista heredada de La Violencia y la desconexión con las bases populares habían abierto grietas que el narcotráfico supo aprovechar.

El Partido Liberal fue la plataforma de ingreso de Escobar al Congreso. En Antioquia, los sectores liberales carecían de recursos y buscaban ampliar su influencia en los barrios populares de Medellín, un terreno donde Escobar ya se movía con facilidad gracias a su estrategia de "política social" paralela: donación de viviendas, construcción de canchas deportivas, entrega de electrodomésticos y becas escolares. La figura del joven "empresario" resultaba atractiva para un partido necesitado de votos.

Dentro del liberalismo, algunos dirigentes vieron en Escobar un aliado incómodo pero útil. Su fortuna garantizaba financiación de campañas, su carisma arrastraba multitudes y su discurso populista conectaba con un electorado olvidado por el Estado. Sin embargo, otros líderes más tradicionales, conscientes de los rumores sobre su fortuna ilícita, lo miraban con recelo y se distanciaban. Esa tensión dentro del Partido Liberal reflejaba una contradicción más amplia: ¿hasta dónde podían los partidos tolerar la penetración del dinero del narcotráfico en la vida política?

Escobar no se limitó al liberalismo. También cultivó relaciones con movimientos sociales y políticos emergentes. Su discurso se centraba en la reivindicación de los pobres y en la crítica a la injerencia extranjera, en particular de Estados Unidos. En mítines improvisados prometía un país soberano, donde la riqueza se distribuyera entre los más necesitados. Estas palabras resonaban en sectores populares y le ganaban simpatías entre líderes comunitarios, sindicales y barriales que, aunque no compartieran su origen, encontraban en él un mecenas eficaz.

De manera indirecta, Escobar también logró tejer lazos con sectores del Partido Conservador. Aunque nunca militó en sus filas, varios políticos locales aceptaron favores, donaciones y promesas de apoyo económico. Para Escobar, el color del partido era secundario: lo importante era consolidar una red de contactos que lo protegiera de futuras investigaciones y le garantizara influencia en distintos frentes.

En este juego, el capo comprendió algo fundamental: la política era tan vulnerable al dinero como las rutas de la cocaína. Sobornos, financiamiento de campañas y favores personales se convirtieron en la puerta de entrada de su capital ilícito al sistema democrático. Y mientras los partidos se beneficiaban de su dinero y su capacidad de movilización, Escobar construía la imagen de un "líder emergente" que podía aspirar incluso a mayores ambiciones.

No obstante, esa red de conexiones estaba condenada a la fragilidad. A medida que las evidencias sobre su papel en el narcotráfico se hicieron públicas, los mismos partidos que lo habían cobijado comenzaron a deslindarse, temerosos de verse arrastrados por el escándalo. Lo que al inicio había sido tolerancia pragmática se transformó en abierta hostilidad, y Escobar, acostumbrado a comprar lealtades, entendió que el poder político era más inestable de lo que había calculado.

Su paso por los partidos y movimientos políticos dejó una huella imborrable: demostró hasta qué punto el narcotráfico podía infiltrarse en la vida institucional, cómo el dinero podía comprar no sólo rutas y armas, sino también curules y discursos. Y evidenció, con brutal claridad, la fragilidad de la democracia colombiana frente a la seducción del oro blanco.

Capítulo 7.
Guerrillas y paramilitares

E l ascenso del narcotráfico en Colombia coincidió con el apogeo de las guerrillas y la aparición de los primeros grupos paramilitares. Fue un cruce de caminos que marcaría la historia del país: de un lado, los ejércitos insurgentes que decían luchar contra el Estado y el modelo capitalista; del otro, los carteles de la droga que levantaban imperios a partir de la cocaína. Entre ambos no hubo una relación lineal ni simple, sino una red de contactos cambiantes, hechos de alianzas circunstanciales, choques violentos y pactos tácitos.

Las FARC (Fuerzas Armadas Revolucionarias de Colombia), en su expansión territorial durante los años setenta y ochenta, encontraron en el narcotráfico una fuente de financiamiento inesperada. Al inicio, no participaron directamente en el negocio de la cocaína, pero sí comenzaron a cobrar un "impuesto revolucionario" a los cultivadores de hoja de coca y a los laboratorios clandestinos instalados en sus zonas de influencia. Este tributo se transformó en una forma de control político y económico sobre regiones enteras. Con el tiempo, la frontera entre "cobrar impuestos" y "participar activamente en la cadena del narcotráfico" se volvió difusa, lo que desató choques tanto con el Estado como con los propios carteles.

El M-19 (Movimiento 19 de Abril), por su parte, mantuvo una relación más ambigua con los narcotraficantes. Aunque su discurso era urbano y nacionalista, lejos de la economía cocalera de los Andes, algunos de sus dirigentes encontraron en figuras como Escobar una fuente ocasional de financiamiento o apoyo logístico. Las denuncias sobre vínculos entre miembros del M-19 y el Cartel de Medellín durante operaciones específicas —como la célebre toma de la Embajada de la República Dominicana en 1980— siguen siendo materia de debate. Lo cierto es que, en un escenario de violencia cruzada, los narcotraficantes y las guerrillas compartieron enemigos comunes: el Estado y los Estados Unidos.

Con otros grupos armados, como el ELN (Ejército de Liberación Nacional) y organizaciones menores, el contacto fue menos estrecho pero igualmente marcado por la dinámica de los territorios. En regiones petroleras o de minería ilegal, los narcotraficantes negociaban la "tasa de seguridad" que garantizaba la libre circulación de cargamentos. Allí donde el Estado no llegaba, las guerrillas se convertían en árbitros de facto, cobrando por permitir la continuidad del negocio.

Sin embargo, la relación no fue de simple cooperación. También hubo choques sangrientos. Los carteles, defensores de su autonomía, no aceptaban fácilmente la subordinación a un poder armado que cuestionaba su autoridad. Y las guerrillas, celosas de su discurso ideológico, miraban con recelo a los narcotraficantes, a quienes acusaban de ser "burgueses criminales" disfrazados de benefactores. La violencia entre ambas partes fue, en ocasiones, inevitable.

El nacimiento de los paramilitares a mediados de los años ochenta añadió una capa más al conflicto. Grupos armados financiados por hacendados, ganaderos y, en no pocos casos, por los propios narcotraficantes, se levantaron como respuesta a la presión guerrillera en las zonas rurales. Escobar y otros capos vieron en estas estructuras un instrumento útil para proteger sus rutas, laboratorios y haciendas. Así, el narcotráfico se convirtió no sólo en fuente de financiación de la guerra, sino en catalizador de nuevos actores armados.

El vínculo entre guerrillas, narcotraficantes y paramilitares fue, en suma, un entramado de conveniencia. Un pacto tácito que decía: "convivimos mientras nos necesitamos, nos enfrentamos cuando estorbamos". En esa lógica pragmática, los carteles no eran revolucionarios ni contrarrevolucionarios: eran, simplemente, empresarios criminales que sabían adaptarse a los vientos de la guerra.

Lo paradójico es que esta red de relaciones convirtió al narcotráfico en actor central del conflicto colombiano, un poder paralelo que financiaba, enfrentaba o cooptaba a los distintos bandos según las circunstancias. Y en el centro de esa telaraña estaba Escobar, un hombre que supo negociar con todos, pero que jamás permitió que nadie —ni guerrilla, ni paramilitar, ni Estado— le arrebatara la primacía de su imperio.

El narcotráfico, como economía subterránea de dimensiones gigantescas, terminó por convertirse en el motor financiero más importante del conflicto colombiano en los años ochenta y noventa. Guerrillas, paramilitares y carteles no podían ignorar esa realidad: la cocaína no sólo llenaba las arcas de Escobar y sus socios, sino que irrigaba recursos a todos los bandos de la guerra. En torno a ella se tejieron alianzas pragmáticas, choques sangrientos y pactos temporales que se rompían tan pronto cambiaban los intereses.

Las guerrillas, especialmente las FARC, encontraron en el narcotráfico un impuesto revolucionario seguro. Cada laboratorio, cada pista clandestina y cada embarque en zonas bajo su control debía pagar una cuota. Lo llamaban "gramaje", una suerte de tributo por protección. Ese dinero financió armas, radios, campamentos y la expansión territorial de la guerrilla. El discurso ideológico justificaba la práctica: "expropiación de capital burgués para sostener la revolución". Pero en los hechos, la guerrilla terminó dependiendo del negocio ilícito tanto como los propios carteles, difuminando las fronteras entre insurgencia y crimen.

Los paramilitares, surgidos como respuesta a la presión guerrillera, no tardaron en descubrir que el narcotráfico era más rentable que cualquier vaquería o hacienda. Muchos de sus jefes provenían de familias rurales vinculadas a la cocaína o al contrabando, y pronto se convirtieron en socios estratégicos de los capos. La lógica era simple: a cambio de recursos, los paramilitares ofrecían seguridad armada, eliminación de informantes y control sobre comunidades enteras. Para Escobar y otros jefes narco, era una inversión eficaz.

Pero ni guerrilla ni paramilitares eran aliados permanentes. El negocio estaba marcado por la competencia territorial. Cuando las FARC pretendían controlar directamente la producción, los carteles reaccionaban con violencia. Cuando los paramilitares buscaban imponerse sobre zonas estratégicas del Valle o de Antioquia, estallaban guerras locales contra sicarios financiados por los narcos. La cocaína era el gran botín, y cada bando reclamaba su parte.

En ocasiones, incluso Escobar recurrió a alianzas coyunturales con actores aparentemente opuestos. Podía negociar con las FARC en Putumayo para garantizar la producción, mientras financiaba a paramilitares en Magdalena Medio para frenar su expansión. Esa doble jugada era posible porque, al final, el capo no tenía ideología: tenía pragmatismo. Su única lealtad era con el flujo ininterrumpido de dólares.

Los choques también fueron inevitables. En las zonas rurales, campesinos quedaron atrapados entre la presión de la guerrilla, el reclutamiento paramilitar y las exigencias de los carteles. El resultado fue un mapa de violencias cruzadas donde todos cobraban, todos mataban y todos justificaban sus acciones como una forma de "defender" a la población.

En ese triángulo de conveniencia, la financiación del narcotráfico alimentó la guerra como nunca antes en la historia de Colombia. Cada dólar de cocaína significaba una bala, un fusil, un campamento nuevo. El conflicto armado dejó de ser exclusivamente ideológico para convertirse también en una disputa económica, donde la revolución y la contrainsurgencia se financiaban, paradójicamente, con la misma mercancía.

Así, los vínculos entre narcotráfico, guerrillas y paramilitares no fueron relaciones de amistad ni de enemistad absolutas: fueron alianzas coyunturales, dictadas por la necesidad y el cálculo. Y en esa lógica de conveniencia mutua, Escobar supo moverse como pez en el agua, negociando con unos y con otros, siempre en función de su negocio.

En la historia del conflicto colombiano, los paramilitares aparecieron como respuesta a la presión guerrillera sobre los territorios rurales. Hacendados, ganaderos y terratenientes, cansados de secuestros, extorsiones y asesinatos, comenzaron a financiar grupos de autodefensa armada. Sin embargo, su consolidación como fuerza nacional habría sido impensable sin el respaldo económico y logístico de los grandes capos del narcotráfico, entre ellos Pablo Escobar.

Para Escobar, la inversión en los paramilitares fue tanto una estrategia de seguridad privada como un cálculo político. Sus haciendas, laboratorios y rutas estaban constantemente amenazados por la guerrilla, que exigía el pago de "gramajes" o buscaba controlar la producción directamente. Escobar comprendió pronto que la mejor defensa contra esa presión no era la negociación eterna, sino la creación de ejércitos armados capaces de garantizar su autonomía. Se vinculó al Magdalena Medio, región estratégica donde coincidían plantaciones de coca, corredores fluviales y rutas hacia el Caribe. Allí, el narco Gonzalo Rodríguez Gacha, "El Mexicano", fue uno de los principales promotores de grupos paramilitares financiados por el narcotráfico. Escobar, desde Medellín, no se quedó atrás: apoyó la expansión de estas estructuras con dinero, armas y entrenamiento, a menudo a través de intermediarios militares o exmilitares dispuestos a entrenar a civiles en tácticas de contrainsurgencia.

El aporte de Escobar no se limitaba a financiar. También impulsó la lógica paramilitar como forma de poder paralelo. Los hombres armados no sólo defendían laboratorios y rutas: imponían orden en comunidades rurales, castigaban a quienes colaboraban con la guerrilla y se convertían en árbitros de conflictos locales. Esa función, que el Estado había abandonado, permitía a Escobar extender su influencia política más allá de Medellín, creando enclaves donde su palabra valía tanto como la del propio gobierno.

La creación de los MAS (Muerte a Secuestradores) en 1981 marcó un punto de quiebre. Esta organización paramilitar, financiada por varios capos incluidos Escobar, surgió como respuesta al secuestro de la hermana de los hermanos Ochoa por parte del M-19. Aunque su objetivo inicial era "rescatar a los secuestrados y castigar a los responsables", pronto se convirtió en un ejército privado dedicado a la eliminación sistemática de militantes de izquierda, sospechosos de colaborar con guerrillas y cualquiera que pudiera representar una amenaza. El MAS fue, en muchos sentidos, el laboratorio de lo que después serían las Autodefensas Unidas de Colombia (AUC).

Escobar jugó, entonces, un papel clave en militarizar el narcotráfico. Al financiar a los paramilitares, dotó al negocio de un brazo armado capaz de enfrentar en campo abierto a las guerrillas y, en ocasiones, al propio Estado. La guerra ya no era sólo entre ejército y subversión: era también entre ejércitos privados al servicio de la cocaína.

Sin embargo, esta apuesta tuvo un precio. Los paramilitares, fortalecidos por el dinero del narcotráfico, adquirieron autonomía y se convirtieron en actores por derecho propio, muchas veces escapando al control de quienes los habían financiado. En esa espiral, Escobar contribuyó a abrir una caja de Pandora: la multiplicación de violencias en un país donde las fronteras entre lo legal y lo ilegal, lo político y lo criminal, se desdibujaban cada vez más.

En retrospectiva, puede decirse que Escobar fue uno de los parteros del paramilitarismo moderno en Colombia. Lo impulsó no por ideología, sino por necesidad: proteger su imperio del oro blanco. Pero esa decisión estratégica terminó nutriendo a un monstruo que sobrevivió incluso a su muerte y que marcó, con sangre, las décadas posteriores de la historia colombiana.

PARTE IV. EL MITO DEL BENEFACTOR

Capítulo 8.
El Robin Hood paisa

En la memoria colectiva de Medellín hay un relato que trasciende la figura del narcotraficante y se instala en el mito popular: el de Pablo Escobar como un benefactor de los pobres. Más allá de los asesinatos, los carros bomba y la sangre derramada, su nombre sigue vinculado a las canchas de fútbol, a las viviendas que levantó en barrios marginales y a los hospitales que ayudó a financiar. Fue, para miles de personas, "el patrón que se acordaba de los olvidados".

Uno de sus proyectos más célebres fue el barrio conocido como Medellín sin tugurios, en el sector de Moravia. Allí, en un terreno que antes era basurero y asentamiento improvisado, Escobar construyó más de cuatrocientas casas para familias desplazadas que vivían en chozas de cartón y lata. Cada vivienda tenía agua, luz y paredes firmes. Para los beneficiarios, aquello era un milagro en un país donde el Estado pocas veces cumplía sus promesas. Años más tarde, muchos habitantes de esas casas todavía recordaban con gratitud al hombre que, con dinero manchado de cocaína, les había dado un hogar digno.

El fútbol fue otro de los pilares de su estrategia de legitimación. Escobar sabía que era el corazón de la cultura popular paisa. Mandó a construir canchas de barrio en los sectores más empobrecidos, financiaba uniformes, balones y torneos comunitarios. En la Medellín de los años ochenta, cientos de niños jugaron bajo las luces de canchas que llevaban, aunque de manera tácita, la marca de su patrón. Muchos jóvenes lo veían como un héroe: el hombre que les daba un espacio para soñar con ser futbolistas y escapar de la miseria.

Los hospitales y centros de salud también fueron parte de su legado ambiguo. En zonas donde la precariedad era norma, Escobar financiaba ambulatorios, consultorios y donaciones médicas. A veces eran aportes discretos, entregados a través de intermediarios; en otras ocasiones, él mismo aparecía con bata blanca para la foto, abrazando niños y ancianos. Su figura se asociaba al cuidado de la vida, aunque en paralelo su imperio sembraba muerte en cada rincón del país.

Estas obras no fueron gestos altruistas en sentido puro: eran inversiones políticas y sociales que le aseguraban lealtad y protección. En barrios donde el Estado no existía, Escobar se convirtió en alcalde, juez y benefactor. La gratitud popular era real, pero también era un recurso: gracias a ella, cuando la policía lo perseguía, cientos de vecinos lo escondían, lo alertaban o lo defendían con una devoción que parecía religiosa. Así se forjó el mito del "Robin Hood paisa": un criminal que repartía migajas de su inmensa fortuna y obtenía, a cambio, un capital simbólico que lo hacía intocable en su propia ciudad. Para muchos, Escobar fue el hombre que convirtió la cocaína en canchas y hospitales, el asesino que también era constructor, el villano que jugaba a ser héroe. Y en esa paradoja se asentó uno de los capítulos más oscuros y fascinantes de la historia colombiana.

En la guerra de Pablo Escobar contra el Estado colombiano, las armas no siempre fueron fusiles ni explosivos. Hubo un recurso más sutil y, a la vez, más poderoso: la lealtad de los pobres. En los barrios de Medellín, donde las instituciones apenas se asomaban y la miseria era la regla, Escobar construyó un escudo humano tejido de gratitud, miedo y admiración. Cuando la policía llegaba a ciertos sectores de la ciudad, no sólo enfrentaba la dificultad de las calles estrechas y los laberintos de ladrillo; también debía lidiar con una población que veía en el capo al único que les había tendido la mano. Para esas comunidades, Escobar no era el narcotraficante señalado en los periódicos, sino el benefactor que les había dado casa, cancha o comida. Su figura encarnaba la justicia que el Estado nunca había garantizado.

En más de una ocasión, ese apoyo popular fue decisivo. Las redadas terminaban frustradas porque alguien en el barrio soplaba un silbido o encendía una luz en señal de alerta cuando los uniformados se aproximaban. Los vecinos escondían vehículos, armas o incluso al propio Escobar. El capo podía refugiarse entre la gente común con la seguridad de que pocos lo delatarían. En los barrios marginales, el silencio colectivo era tan eficaz como cualquier ejército privado. Ese respaldo no era sólo fruto de la generosidad calculada. También se sustentaba en la lógica del patrón protector: quien desobedecía o traicionaba podía pagar con la vida. La devoción se mezclaba con el temor, creando una lealtad ambigua pero férrea. Escobar dominaba tanto con dádivas como con castigos, combinando el carisma del benefactor con la autoridad del verdugo.

El Estado, debilitado y desprestigiado, quedaba desarmado ante esa realidad. Mientras los jueces eran asesinados y los políticos vacilaban, en los barrios la palabra del "Patrón" tenía más fuerza que cualquier decreto. Allí, su imagen se erigía como la de un líder legítimo, aunque fuera ilegítima su fortuna. Ese apoyo popular se convirtió en un escudo político y militar. Permitió a Escobar resistir los embates del Estado, escapar de operativos y proyectarse como un hombre invencible. Le otorgó la posibilidad de desafiar al gobierno no sólo con violencia, sino con la legitimidad que le confería una parte de la población. Y convirtió la lucha contra él en una guerra aún más compleja: no se trataba sólo de derribar a un capo, sino de desmontar un mito.

El "Robin Hood paisa" no vivió sólo en la propaganda del cartel ni en la prensa amarilla: vivió en la memoria agradecida de miles de personas que, por primera vez, recibían algo que parecía justicia. Ese respaldo social fue su mejor blindaje. Y, paradójicamente, también fue el combustible de la tragedia: cuanto más protegido por el pueblo se sentía, más dispuesto estuvo a desafiar al Estado hasta las últimas consecuencias.

Capítulo 9.
La vida privada

Detrás del mito, de los atentados y de los titulares que lo mostraban como el enemigo público número uno, Pablo Escobar también fue un hombre que buscó refugio en los muros íntimos de su hogar. Allí, lejos de la mirada de jueces, sicarios y periodistas, cultivaba la imagen de esposo y padre, una faceta cuidadosamente protegida que convivía en tensa contradicción con la brutalidad de su vida pública.

Su familia —María Victoria Henao, su joven esposa, y sus hijos Juan Pablo y Manuela— representaba el núcleo donde Escobar intentaba sostener un orden distinto al caos que él mismo desataba en las calles. En su hacienda Nápoles, convertida en un reino privado con zoológico, pistas de aterrizaje y lagos artificiales, los domingos familiares podían parecer escenas de normalidad: paseos en bicicleta, juegos infantiles, banquetes improvisados. Para sus hijos, el padre era un hombre cariñoso, capaz de inventar cuentos a la hora de dormir o de sorprenderlos con regalos imposibles. Pero esa imagen de padre protector escondía profundas contradicciones.

Mientras abrazaba a sus hijos en el comedor, ordenaba asesinatos desde el teléfono de su oficina. Mientras financiaba colegios privados para su familia, llenaba de sangre los pasillos de universidades y juzgados con atentados selectivos. En su intimidad doméstica, Escobar quería ser el hombre común, el patriarca que mantenía unida a la familia. En la realidad pública, era un capo cuya existencia ponía en riesgo a los suyos.

Su matrimonio, marcado por la diferencia de edad y por la temprana unión con María Victoria, reflejaba también la paradoja de un hombre que deseaba estabilidad pero vivía rodeado de excesos. Fue un esposo celoso y posesivo, aunque incapaz de renunciar a una vida de amantes y conquistas que ocupaban páginas de prensa sensacionalista. La fidelidad que exigía puertas adentro contrastaba con la infidelidad pública que su poder le permitía.

La familia, sin embargo, se convirtió en su talón de Aquiles. Cuando las bombas estallaban en Medellín y Bogotá, cuando la presión del Estado se intensificó, Escobar trasladaba a su esposa e hijos a casas seguras, fincas aisladas o refugios improvisados. Su obsesión por protegerlos lo llevó a cometer errores estratégicos, como cuando durante su fuga en 1993 intentó comunicarse por teléfono con ellos, dejando rastros que facilitaron su ubicación.

En la mirada de su familia, Escobar no era el monstruo que pintaba la prensa, sino el padre que los cuidaba con ternura. Esa percepción subjetiva explica por qué, tras su muerte, su esposa e hijos lo siguieron defendiendo como un hombre complejo, capaz de lo peor y de lo mejor.

La vida privada de Escobar fue, en suma, un espejo roto: por un lado, el refugio íntimo de la familia; por el otro, la contradicción brutal de un hombre que pretendía ser protector mientras era el origen del peligro. En ese doble rol —padre amoroso y criminal implacable— se condensaba el drama humano de quien nunca logró reconciliar sus dos mundos. Si en el seno de su familia Pablo Escobar buscaba la fachada de estabilidad, en su vida íntima cultivó un universo de amores paralelos, excesos desbordados y lealtades ambiguas que revelaban las grietas de un hombre dividido entre el hogar y la vorágine del poder.

Desde muy joven, Escobar mostró un apetito voraz por las mujeres. Su matrimonio con María Victoria Henao no fue obstáculo para una vida sentimental atestada de aventuras extramaritales que alcanzaron notoriedad pública. Cantantes, modelos, periodistas y mujeres anónimas de los barrios populares pasaron por su vida como piezas de un juego en el que el poder y el dinero garantizaban seducción. El capo se rodeaba de un aura irresistible: para algunas, era el benefactor generoso; para otras, el hombre que ofrecía protección y riqueza instantánea.

La contradicción era evidente: mientras exigía fidelidad absoluta a su esposa, él mismo alimentaba un harén oculto en fincas y apartamentos lujosos. Esa doble moral convivía con naturalidad en su mundo, reflejando la misma lógica con la que se movía en la política y en el crimen: una vida hecha de máscaras superpuestas.

En cambio, los excesos no se limitaban a las mujeres. Escobar disfrutaba de fiestas interminables, banquetes exuberantes y lujos que bordeaban lo *kitsch:* zoológicos privados, carros deportivos importados, caballos de paso fino, colecciones extravagantes. En sus reuniones abundaban el whisky escocés, la música popular y las apuestas desmedidas. Era un hombre que no concebía límites: su fortuna debía reflejarse en cada gesto, en cada objeto, en cada anécdota. El derroche era, para él, una forma de afirmación.

En medio de ese universo, el valor de las lealtades personales era absoluto. Escobar premiaba la fidelidad con generosidad: casas, carros, viajes, favores que podían cambiar la vida de un sicario o de un amigo de infancia. Pero castigaba la traición con una violencia implacable. Sus amantes sabían que, al igual que sus socios y sicarios, estaban ligadas a él no sólo por el dinero, sino por una frontera invisible de miedo.

Paradójicamente, algunas de sus relaciones sentimentales más conocidas no fueron simples caprichos, sino intentos de encontrar compañía y comprensión en medio de la soledad que le imponía su vida de clandestinidad. Escobar podía mostrarse tierno, vulnerable, incluso necesitado de afecto. Pero ese costado íntimo se desfiguraba en cuanto regresaba al terreno del poder: allí, el capo imponía reglas, dictaba órdenes y no admitía vacilaciones.

Los amores y excesos de Escobar muestran al hombre que, al mismo tiempo que era temido como el criminal más peligroso de Colombia, era también prisionero de su propio imperio. La abundancia lo rodeaba, pero no le daba paz. Las lealtades lo sostenían, pero también lo condenaban, porque cada vínculo se volvía una cadena. En sus amantes buscaba evasión, en sus excesos buscaba eternidad, y en sus leales encontraba la sombra de la traición siempre latente. La vida privada de Escobar fue, así, un espejo deformado de su vida pública: marcada por la contradicción entre el amor y la violencia, el lujo y la soledad, la fidelidad y la traición. Y en ese torbellino personal se gestó una figura que, para muchos, sigue siendo incomprensible: el hombre capaz de amar con ternura y de matar sin remordimiento.

PARTE V. GUERRA SIN CUARTEL

CAPÍTULO 10.
NARCOTERRORISMO

Cuando Pablo Escobar declaró la guerra al Estado colombiano, lo hizo con un repertorio de violencia que transformó la historia del país. Si hasta entonces el narcotráfico se había movido en la sombra, a partir de mediados de los ochenta irrumpió en la vida pública con una brutalidad nunca antes vista: nació el narcoterrorismo.

El asesinato selectivo fue la primera arma. Jueces, fiscales, periodistas, ministros y candidatos presidenciales se convirtieron en blancos de una estrategia sistemática destinada a intimidar a las instituciones y paralizar la justicia. El crimen de Rodrigo Lara Bonilla, ministro de Justicia, en 1984, marcó un punto de no retorno: Escobar demostró que podía eliminar a las figuras más visibles del Estado y desafiarlo de frente. Luego vendrían los magnicidios de Luis Carlos Galán y de decenas de líderes que se opusieron a la extradición. Cada bala llevaba un mensaje: nadie estaba a salvo.

Pero la violencia no se limitó a los asesinatos selectivos. Escobar introdujo en Colombia la lógica del terror indiscriminado. Los coches bomba, cargados con decenas de kilos de dinamita, se convirtieron en un arma cotidiana en las calles de Medellín y Bogotá. Bancos, centros comerciales, edificios gubernamentales, estaciones de policía y hasta sedes de medios de comunicación fueron arrasados en cuestión de segundos. El miedo dejó de ser individual para volverse colectivo: cualquiera podía morir en cualquier momento, sin importar si tenía vínculos con el Estado o con el narcotráfico.

El atentado más brutal fue el de Avianca 203, en noviembre de 1989. Un avión comercial explotó en pleno vuelo, asesinando a 107 pasajeros. Escobar lo había ordenado convencido de que allí viajaba un candidato presidencial enemigo suyo. El error y la magnitud del crimen horrorizó al país y al mundo: ya no se trataba de un capo enfrentado al gobierno, sino de un terrorista capaz de masacrar inocentes en el aire.

Ese mismo año, la violencia alcanzó otro punto álgido con el atentado contra el edificio del DAS (Departamento Administrativo de Seguridad) en Bogotá, donde un camión bomba mató a más de setenta personas. Fue un acto de guerra abierta contra el Estado, que evidenció que Escobar no se conformaba con intimidar: quería doblegar a las instituciones mediante el terror absoluto. Los coches bomba se multiplicaron en Medellín, al punto que la ciudad vivía bajo un estado de sitio permanente. El ruido de las sirenas y el eco de las explosiones se convirtieron en parte de la vida cotidiana. La población civil quedó atrapada entre la violencia del capo y la impotencia del Estado. Para muchos, Escobar dejó de ser el benefactor que construía canchas y viviendas: se transformó en el enemigo común que sumía a Colombia en el miedo.

Con cada atentado, Escobar buscaba un objetivo concreto: detener la extradición hacia Estados Unidos, la amenaza que más temía. Su estrategia era tan clara como cruel: "Si el Estado me persigue, yo hago sufrir al Estado, y con él a todo el pueblo colombiano". Esa lógica perversa convirtió a la sociedad entera en rehén de su guerra personal.

El narcoterrorismo de Escobar no sólo cambió la vida cotidiana, sino también el lenguaje político. Colombia dejó de hablar de delincuencia organizada y comenzó a hablar de terrorismo, de guerra abierta, de un Estado sitiado. Fue la época en que Medellín se convirtió en sinónimo de muerte, y en que el mundo entendió que un capo de la droga podía desafiar a una nación con la fuerza de un ejército irregular.

La violencia de Escobar no fue un desahogo irracional ni un estallido ciego de brutalidad. Fue una estrategia política calculada, una forma de gobernar desde las sombras. En ausencia de cargos públicos y fuera de las instituciones, el capo convirtió el miedo en su parlamento, las bombas en sus decretos y los asesinatos en su manera de legislar.

Cada atentado era un mensaje cifrado. Cuando explotaba un coche bomba en Medellín, no sólo morían inocentes: el Estado recibía una advertencia y la sociedad entendía que Escobar seguía mandando. El miedo se convirtió en un idioma que todos podían leer. En barrios enteros, los habitantes sabían que hablar demasiado podía costarles la vida. Jueces y fiscales se enfrentaban a una elección imposible: condenar al capo y arriesgar la vida de sus familias, o guardar silencio y sobrevivir.

En este clima, Escobar impuso lo que algunos analistas llamaron una dictadura del terror. No necesitaba urnas ni discursos: gobernaba con la amenaza latente de la muerte. El Estado de derecho quedó reducido a un papel frágil frente a la realidad de los sicarios. La justicia se arrodillaba, la prensa se autocensuraba, los políticos titubeaban. El miedo, administrado con precisión quirúrgica, le daba a Escobar un poder que ningún cargo público podría haberle otorgado.

Sin embargo, su estrategia iba más allá de la intimidación directa. Escobar comprendió que la sociedad podía ser paralizada por la incertidumbre. No era necesario matar a todos los jueces, ni colocar bombas en cada esquina: bastaba con que la amenaza fuera creíble. Un rumor sobre un coche cargado de explosivos podía vaciar una ciudad entera. Una lista negra publicada en panfletos bastaba para sembrar el pánico en los pasillos del Congreso. La imaginación, alimentada por la reputación del capo, hacía el resto. Escobar transformó el miedo en un arma política de doble filo. Por un lado, desestabilizaba al Estado, mostrando su incapacidad para proteger a los ciudadanos. Por otro, se erigía en un poder alternativo, capaz de decidir quién vivía y quién moría. El "Robin Hood paisa" que había construido casas y canchas se desdibujaba, y en su lugar emergía el tirano invisible que gobernaba con la muerte.

El control del miedo no fue sólo eficaz: fue devastador. Sembró una herida profunda en la memoria colectiva de Colombia, una época en la que la rutina se quebraba con cada explosión, y en la que el país entero aprendió que el terror podía ser tan persuasivo como cualquier ideología. Escobar había convertido la violencia en un plebiscito permanente, donde la única votación era entre el silencio y la muerte.

Capítulo 11.
La política del terror

La guerra personal de Pablo Escobar contra el Estado colombiano encontró sus víctimas más visibles en tres frentes: la justicia, la prensa y la fuerza pública. Allí, el capo concentró su furia con una estrategia tan simple como implacable: eliminar a cualquiera que osara desafiarlo. Fue la época en que la ley quedó escrita con sangre y en que la valentía de unos pocos se convirtió en sentencia de muerte.

Los jueces fueron quizá las primeras víctimas sistemáticas. Escobar comprendió que su poder económico podía corromper a muchos, pero no a todos. Quienes se resistían al soborno eran condenados a morir. Así cayó Rodrigo Lara Bonilla, ministro de Justicia, acribillado en Bogotá en 1984, en un asesinato que sacudió al país. Luego vendrían decenas de jueces de instrucción criminal, magistrados y fiscales. El Palacio de Justicia, incendiado en 1985 durante la toma del M-19, mostró también cómo la sombra del narcotráfico estaba presente en los atentados contra la independencia judicial. El mensaje era claro: investigar a Escobar equivalía a firmar la propia condena.

Los periodistas también se convirtieron en enemigos del capo. Escobar odiaba la verdad publicada, los reportajes que desnudaban su fortuna y los titulares que lo nombraban como narcotraficante. A diferencia de los políticos, que podían ser sobornados, la prensa crítica era difícil de domesticar. Periodistas como Guillermo Cano Isaza, director de *El Espectador*, pagaron con su vida el atrevimiento de denunciarlo. Cano fue asesinado en 1986, en un crimen que buscaba silenciar una voz incómoda y, de paso, infundir miedo en todas las redacciones. La autocensura se extendió: muchos prefirieron callar antes que exponerse a la venganza del cartel.

Los policías, por su parte, se encontraron en la primera línea de fuego. Escobar los declaró blancos legítimos en su campaña de terror. Entre 1989 y 1993, más de 500 agentes fueron asesinados en Medellín. El capo incluso llegó a ofrecer recompensas públicas por cada policía muerto: dos millones de pesos por un agente raso, más por un oficial. Los jóvenes sicarios veían en ese sistema una forma rápida de ascender en el mundo criminal. Para la institución, fue un golpe devastador: patrullar las calles se convirtió en un acto suicida, y muchos agentes se debatieron entre el deber y la supervivencia.

En este frente múltiple, Escobar aplicó una política del terror integral: silenciar jueces, intimidar periodistas y diezmar policías. Su objetivo era doblegar las instituciones y mostrar que nadie, por más protegido que estuviera, era intocable. El Estado, en respuesta, se endureció: surgieron grupos élite de persecución, se intensificó la cooperación con Estados Unidos y se multiplicaron las medidas de seguridad. Pero el daño estaba hecho: Colombia vivía bajo un clima de miedo permanente, donde la verdad, la justicia y la autoridad parecían condenadas al fracaso frente al poder del capo.

La política del terror de Escobar fue, en última instancia, un asalto frontal a los pilares de la democracia. No buscaba gobernar en el sentido tradicional, sino imponer un orden criminal donde la obediencia se conseguía a punta de muerte. Fue una guerra sin reglas, donde jueces, periodistas y policías pagaron con la vida el precio de resistirse a un hombre que quería someter al país entero a la ley de la cocaína.

Si hubo un punto de quiebre que encendió la furia de Pablo Escobar contra el Estado colombiano, fue el tema de la extradición a

Estados Unidos. Para él, esa palabra equivalía a una condena peor que la muerte. Morir en Colombia podía significar convertirse en mártir, pero ser extraditado era desaparecer en las cárceles norteamericanas, perder el control de su imperio y morir lentamente en el olvido.

Desde finales de los años setenta, Washington presionaba a Bogotá para que entregara a los capos del narcotráfico. La firma del tratado de extradición en 1979 abrió un frente decisivo: por primera vez, los narcos entendieron que la justicia colombiana podía ser permeable al soborno, pero la norteamericana no. Escobar sabía que si caía en manos de la DEA, jamás tendría escapatoria. En respuesta, encabezó una campaña sangrienta de resistencia que hizo temblar a Colombia. Su lema, repetido una y otra vez en comunicados clandestinos y conversaciones con sus hombres de confianza, era claro: "Preferimos una tumba en Colombia que una celda en Estados Unidos". Bajo esa consigna, el Cartel de Medellín desató una guerra sin precedentes. El objetivo era doble: aterrorizar a la sociedad para que presionara al gobierno contra la extradición y asesinar a cualquier político, juez o periodista que apoyara el tratado.

El crimen de Rodrigo Lara Bonilla en 1984 fue la primera gran advertencia. Como ministro de Justicia, Lara había impulsado la aplicación del tratado con firmeza, y Escobar lo hizo acribillar en plena calle. En la víspera de su asesinato, Lara había declarado: "La mafia no sólo infiltra la economía, también corroe la política y amenaza con devorarnos a todos". Su muerte confirmó la veracidad de sus propias palabras.

A partir de entonces, la lista de muertos se multiplicó: magistrados de la Corte Suprema, fiscales que redactaban conceptos de extradición, líderes políticos que se atrevían a defender la cooperación judicial con Estados Unidos. Entre ellos, Luis Carlos Galán, quien en sus discursos insistía: "La extradición es la única arma que le teme la mafia. Debemos mantenerla, aunque nos cueste la vida". Galán pagó ese precio en agosto de 1989, acribillado en la tarima de un mitin electoral.

Los atentados indiscriminados también formaron parte de esta guerra. El coche bomba contra el edificio del DAS en Bogotá, que mató a más de setenta personas, fue una demostración brutal. Escobar buscaba quebrar la moral del Estado y obligarlo a negociar. La explosión del avión de Avianca 203, con 107 pasajeros muertos, se inscribió en la misma lógica: aterrorizar hasta lo insoportable. Un investigador resumió el impacto de aquel crimen diciendo: "Ese día, Colombia descubrió que el narcotráfico ya no era un delito económico; era terrorismo puro".

En Medellín, la campaña adquirió un tinte aún más perverso. Escobar llegó a ofrecer recompensas públicas por cada policía asesinado. "Dos millones de pesos por un agente, cinco por un oficial", decían los panfletos distribuidos en barrios marginales. La ciudad se convirtió en un cementerio abierto, donde jóvenes sicarios competían por matar agentes y cobrar la paga. Era su manera de demostrar que, antes de entregarse a un juez norteamericano, estaba dispuesto a incendiar Colombia.

El Estado respondió con dureza, reforzando su alianza con Washington, creando unidades élite y apoyando la persecución militar contra los carteles. Pero el costo fue devastador: miles de muertos, ciudades paralizadas por el miedo, una sociedad fracturada. Un senador de la época lo resumió con crudeza: "Estamos atrapados entre un Estado débil y un criminal que decidió declarar la guerra a toda la nación".

Su resistencia sangrienta dejó en claro que, más que un narcotraficante, Escobar se había transformado en un actor político capaz de imponer su voluntad mediante el terror. El "no a la extradición" no era sólo una consigna del Cartel de Medellín: se convirtió en un clamor de sectores sociales que, bajo la presión del miedo, llegaron a preferir que Escobar fuera juzgado en casa antes que ver a su país arrodillado ante la violencia.

Capítulo 12.
La cárcel de La Catedral

En 1991, tras años de sangre, atentados y asesinatos, Pablo Escobar sorprendió al país al anunciar que se entregaría a la justicia colombiana. No fue un gesto de arrepentimiento ni un reconocimiento de culpa: fue, ante todo, una jugada maestra. Escobar aceptaba ir a prisión, pero a una prisión que él mismo diseñaría, bajo condiciones que le garantizaban seguridad, comodidad y control absoluto. El trasfondo de esta decisión fueron las negociaciones secretas con el gobierno de César Gaviria, que buscaba una salida a la espiral de violencia que asfixiaba a Colombia. La clave estaba en la extradición. Escobar se declaraba dispuesto a purgar una condena en el país, siempre y cuando se descartara de manera definitiva la posibilidad de ser enviado a Estados Unidos. Para él, ese era el único punto innegociable.

El Estado, debilitado y presionado por la opinión pública, aceptó la propuesta. El gobierno justificó el acuerdo en nombre de la paz: "Si con la entrega de Escobar logramos detener los coches bomba y devolverle la tranquilidad al país, habremos ganado todos", debieron pensar los políticos de entonces. Sin embargo, las condiciones de la rendición eran un secreto a voces: Escobar no sería recluido en una cárcel ordinaria, sino en una instalación a su medida, levantada en lo alto de una montaña en Envigado y bautizada con ironía como La Catedral.

Las negociaciones se desarrollaron como un pulso de poder. Escobar dictaba sus exigencias con la seguridad de quien sabía que tenía al país de rodillas. Pidió garantías de que no sería trasladado sin su consentimiento, que sus familiares estuvieran protegidos y que la cárcel le permitiera mantener contacto con su círculo más cercano. Todo fue concedido. El gobierno, desesperado por un respiro, aceptó reglas que parecían redactadas por el propio capo.

Cuando se anunció oficialmente la entrega, Escobar buscó mostrarla como un acto de grandeza. Ante sus hombres declaró: "Yo no me rindo, yo negocio. Que quede claro: voy a La Catedral porque yo mismo lo decidí". Para muchos, aquello no fue una rendición, sino una victoria. Había logrado que el Estado, al que había enfrentado con bombas y balas, terminara aceptando su tutela en el terreno de la legalidad.

La noticia dividió a la opinión pública. Algunos respiraron aliviados: la violencia parecía detenerse, los coches bomba se redujeron y el país creyó que podía comenzar a sanar. Otros, sin embargo, vieron en el acuerdo una claudicación del Estado. Un periodista escribió entonces: "La entrega de Escobar no es un triunfo del gobierno, sino la muestra más brutal de su debilidad. El criminal dicta las condiciones, y la nación obedece".

La cárcel de La Catedral, nacida de estas negociaciones, se convirtió en símbolo de esa paradoja: un país que celebraba la paz momentánea mientras incubaba en silencio una nueva humillación. La Catedral no fue nunca una prisión en el sentido estricto. Más bien, se convirtió en un palacio fortificado, una mezcla entre retiro monástico y residencia de lujo, donde Escobar reinaba con absoluta tranquilidad. Desde la primera piedra, el lugar reflejó la paradoja de un criminal que, mientras supuestamente purgaba condena, consolidaba el mito de su poder.

Lejos de las celdas estrechas y los barrotes oxidados de una cárcel común, Escobar habitaba un complejo con cancha de fútbol, mesa de billar, gimnasio, sala de reuniones y hasta una cascada artificial. Allí recibía a sus socios, organizaba partidos con guardias y lugartenientes, y celebraba banquetes con carnes importadas y whisky escocés. La "cárcel" era en realidad un santuario privado en lo alto de Envigado, rodeado por muros que servían más para mantener a los extraños fuera que para impedir la fuga del prisionero.

La vida cotidiana en La Catedral fue, como la describieron quienes lo visitaron, un espectáculo de poder. Un ex guardia recordaba: "Era como servirle a un rey. Nosotros no lo vigilábamos, él nos vigilaba a nosotros". Otro testimonio lo resumió con ironía: "En esa cárcel el único preso era el Estado colombiano".

La humillación para el gobierno fue doble. Por un lado, había aceptado las condiciones de Escobar con la esperanza de frenar la violencia. Por otro, la prensa comenzó a filtrar imágenes y relatos que mostraban al capo disfrutando de privilegios obscenos. "La Catedral es un monumento a la debilidad del Estado", escribió un editorial de la época, reflejando la indignación nacional.

La burla se hizo más evidente cuando Escobar convirtió el lugar en un centro de operaciones. Desde su "encierro", ordenaba asesinatos, supervisaba cargamentos de cocaína y mantenía reuniones con sus hombres de confianza. La cárcel no había reducido su poder: lo había reforzado, al mostrar que podía someter al Estado sin disparar una sola bala.

Incluso el ritual de las visitas reforzaba esa imagen. Escobar recibía a políticos, sacerdotes y empresarios que acudían a entrevistarse con él, algunos por temor, otros por conveniencia. Cada visita era una señal de que, aún tras los muros, seguía siendo el hombre más influyente de Colombia. "La Catedral no fue su castigo, fue su coronación", resumió un analista años más tarde.

En ese escenario, la entrega de Escobar dejó de verse como una victoria del gobierno y pasó a ser la mayor derrota simbólica del Estado colombiano. La cárcel, en vez de encerrarlo, lo convirtió en un mito viviente: el capo que se había construido su propio trono en lo alto de una montaña y que seguía dictando órdenes como si nunca hubiera perdido la libertad. El espejismo de La Catedral comenzó a resquebrajarse en 1992, cuando los excesos de Escobar se hicieron imposibles de ocultar. La prensa reveló que el capo seguía manejando sus negocios desde la cárcel y que, además, había ordenado el asesinato de dos de sus socios dentro del propio recinto. Aquella sangre derramada dentro de los muros que debían contenerlo fue una afrenta intolerable para el gobierno de César Gaviria.

La decisión fue inmediata: trasladar a Escobar a una cárcel militar ordinaria y poner fin a la farsa del encierro dorado. Pero el capo, informado con antelación de los planes, no estaba dispuesto a perder su reino. La noche del 22 de julio de 1992, mientras las autoridades preparaban el operativo, Escobar y un puñado de hombres leales escaparon por un agujero en la parte trasera del complejo. Sin disparar un solo tiro, se desvaneció en la oscuridad, dejando en ridículo a las fuerzas de seguridad que lo custodiaban.

Un oficial que participó en la operación lo resumió años después con crudeza: "Cuando entramos, ya se había ido. Sólo quedaba el eco de la humillación. No habíamos capturado a Escobar, él había capturado al Estado". La fuga fue más que un escape físico: fue la confirmación de que el gobierno había sido manipulado por el capo desde el inicio de las negociaciones.

Desde ese momento, la suerte de Escobar quedó sellada. El pacto tácito que lo había protegido se rompió, y tanto el Estado colombiano como Estados Unidos intensificaron la persecución. Se creó el Bloque de Búsqueda, un grupo élite de la Policía que trabajó hombro a hombro con agentes norteamericanos. Paralelamente, los paramilitares agrupados en Los Pepes iniciaron su propia cacería, atacando a la familia y a los socios del capo. Escobar, que había vivido en una montaña convertido en monarca, pasó a ser un fugitivo acorralado en los barrios de Medellín.

Su fuga transformó la percepción pública. La entrega de 1991, que en su momento algunos habían visto como un triunfo de la paz, se reveló como lo que siempre había sido: una trampa cuidadosamente tendida por el capo. "La cárcel fue un descanso; la fuga, una declaración de guerra total", dijo un periodista que cubrió la época. A partir de entonces, cada día en libertad fue un paso hacia la muerte. El hombre que había humillado al Estado con La Catedral descubrió que la persecución no se detendría hasta verlo caer. La fuga no le devolvió el poder que había perdido: sólo lo empujó hacia el destino inevitable que lo esperaba en los techos de Medellín.

PARTE VI. EL PODER
ECONÓMICO DE ESCOBAR

Capítulo 13.
La fortuna del narco

La figura de Pablo Escobar no puede entenderse sin su descomunal poder económico. Durante los años ochenta, su imperio de cocaína se convirtió en una de las mayores empresas criminales de la historia moderna. En sus tiempos de gloria, la revista *Forbes* lo incluyó en la lista de los hombres más ricos del planeta, estimando su fortuna personal en más de 25.000 millones de dólares. Algunos cálculos, más desmesurados aún, hablaban de cifras que superaban los 30.000 millones.

La magnitud de esas cantidades resulta difícil de imaginar. Según antiguos contadores del cartel, el dinero llegaba en tal volumen que "se perdía más de lo que se podía gastar". Uno de ellos confesó años después que, cada mes, hasta un 10 % de las ganancias se echaba a perder por el simple deterioro de los billetes, que eran devorados por la humedad o por las ratas en las bodegas donde se almacenaban. "A veces, quemábamos fajos enteros para hacer espacio", recordaba otro de los hombres que custodiaba aquel caudal inagotable.

Este exceso de riqueza alimentó el mito más popular: el de los millones enterrados. Ante la imposibilidad de lavar o invertir tanto dinero de manera inmediata, Escobar y sus hombres optaron en muchas ocasiones por ocultarlo en caletas improvisadas: bidones, cajas metálicas y bolsas plásticas enterradas en fincas, selvas y hasta en los patios de casas campesinas. "Había tanto efectivo que esconderlo bajo tierra parecía lo más sensato", contó un ex lugarteniente, y añadió con ironía: "Era como sembrar dinero en vez de semillas".

Ese mito de los tesoros ocultos ha sobrevivido a la muerte del capo. Décadas después, aún se habla de campesinos que encuentran fajos podridos al remover la tierra en antiguas haciendas de Escobar, o de excavaciones clandestinas que buscan desesperadamente parte de esa fortuna enterrada. Aunque muchas de esas historias son exageraciones o rumores alimentados por la imaginación popular, lo cierto es que Escobar manejó tanto dinero que resulta verosímil pensar que gran parte de él nunca fue recuperado.

El poder de su riqueza no se medía solo en dólares, sino en influencia. Escobar podía comprar voluntades, financiar campañas políticas, levantar barrios enteros o pagar la guerra contra el Estado. Resumió un periodista de la época: "El dinero de Escobar no era sólo un botín: era un ejército invisible que decidía lealtades y sembraba obediencia".

La fortuna de Escobar, real y legendaria a la vez, terminó convirtiéndose en una parte esencial de su mito. Fue la prueba tangible de que un hombre podía desafiar al Estado y al mundo desde un país del Tercer Mundo, acumulando una riqueza comparable a la de corporaciones internacionales. Pero también fue su condena: la abundancia que lo elevó al poder fue la misma que lo convirtió en el enemigo número uno de los gobiernos y en la obsesión eterna de quienes aún sueñan con encontrar sus millones enterrados.

La riqueza desbordante de Pablo Escobar dio origen a uno de los relatos más persistentes del imaginario popular: el de las caletas, escondites improvisados donde el capo enterraba dinero, oro y armas para asegurar su fortuna. La magnitud de estas historias parece salida de una novela de aventuras, pero numerosos testimonios confirman que, ante la imposibilidad de lavar o invertir todo lo que producía el negocio, el cartel optó por ocultar sus millones bajo tierra.

En las montañas de Antioquia, campesinos aseguran que todavía hoy, al remover la tierra, aparecen fajos podridos de billetes. Un antiguo miembro del cartel relató: "Enterrábamos el dinero en bidones plásticos o cajas metálicas. Muchas veces no había tiempo para contar todo, simplemente se anotaba la ubicación y se tapaba con tierra. Era dinero sembrado como si fueran semillas".

Las historias se multiplican. En la Hacienda Nápoles, algunos trabajadores recuerdan que Escobar señalaba rincones apartados y decía en tono enigmático: "Aquí descansa más de lo que nunca podrías ganar en tu vida". Décadas después, cazadores de tesoros clandestinos continúan excavando en la finca con la esperanza de hallar millones aún ocultos.

El mito no se limita a Colombia. Se habla de caletas en Panamá, donde Escobar mantenía contactos con banqueros y contrabandistas, y de escondites en México y Nicaragua, utilizados como escalas en las rutas del narcotráfico. Un ex socio, refugiado en Centroamérica, declaró: "En Panamá enterramos más dinero del que jamás pudimos sacar. Todavía debe estar allí, bajo la selva".

Algunas búsquedas han tenido hallazgos confirmados. En 2020, un campesino en Antioquia encontró un barril oxidado con miles de dólares en estado de descomposición. La noticia recorrió el país, alimentando la leyenda de los tesoros perdidos del capo. Sin embargo, la mayoría de estas caletas, de existir, deben de haber sido saqueadas, destruidas por la humedad o devoradas por el paso del tiempo.

Las caletas de Escobar no sólo son un tema de riqueza material, sino un símbolo de la desmesura. Un periodista escribió: "Ningún rey ni emperador moderno enterró su fortuna como un pirata del Caribe. Sólo Escobar convirtió la selva en un banco sin llaves". El mito persiste porque combina lo tangible y lo inalcanzable: la certeza de que parte de su dinero existió bajo tierra, y la fantasía de que aún espera a ser encontrado. Las caletas forman parte inseparable del legado de Escobar. No son simples escondites, sino capítulos de una epopeya criminal que aún fascina y atormenta a Colombia y al mundo: la idea de que, en algún rincón olvidado de la selva o bajo una humilde parcela campesina, todavía duermen millones de dólares que un día fueron la sangre del imperio de la cocaína.

Capítulo 14.
El blanqueo de capitales

El poder del dinero sólo se sostiene si puede circular en el mundo de los hombres respetables. Escobar lo sabía mejor que nadie, y por eso hizo del blanqueo de capitales una pieza clave de su imperio. Convertir los dólares manchados de cocaína en activos legítimos fue tanto un reto como una necesidad: sin esa operación, su riqueza corría el riesgo de quedar sepultada en bodegas o caletas, como un tesoro inútil. Para lograrlo, el cartel se sirvió de empresas de fachada, sociedades fantasmas que funcionaban como lavadoras de dinero. Desde importadoras de electrodomésticos hasta compañías de taxis, pasando por talleres mecánicos y negocios de construcción, todo servía como pantalla. "Era más fácil disfrazar un millón de dólares en un proyecto inmobiliario que guardarlo en una caja de cartón", confesó años después un contador del cartel.

Uno de los terrenos más fértiles para el blanqueo fue el fútbol colombiano. Escobar y otros capos inyectaron capital en equipos tradicionales y modestos, generando una transformación inédita en el balompié nacio-

100

nal. El Atlético Nacional, club de Medellín, se convirtió en símbolo de esa época, con jugadores estrellas financiados en gran medida por dinero ilícito. Un dirigente recordó: "El dinero del narco convirtió a Colombia en potencia futbolística de la noche a la mañana. Nadie preguntaba de dónde venía, todos se beneficiaban".

La construcción fue otra vía segura para lavar fortunas. Escobar invirtió en edificios, residencias de lujo y urbanizaciones populares. Barrios enteros en Medellín surgieron gracias a ese flujo de dinero. El capo solía presentarse como benefactor, mientras al mismo tiempo legitimaba su riqueza. Un ingeniero que trabajó en una de esas obras explicó: "Nunca nos faltó dinero para materiales. Lo extraño era que nadie pedía cuentas".

El turismo también fue utilizado como fachada. Hoteles, haciendas y restaurantes servían para justificar ingresos. La Hacienda Nápoles, más allá de ser su residencia de recreo, funcionaba como un emblema de prosperidad: zoológico, lagos artificiales, aviones de colección. Todo aquello mostraba poder, pero también enmascaraba negocios sucios bajo el disfraz de inversión legal.

En el extranjero, Panamá se convirtió en un punto estratégico. Allí, banqueros complacientes ofrecían cuentas discretas y sociedades opacas. "Panamá era la lavandería del continente", comentó un investigador de la época. Otros destinos, como Miami y las islas del Caribe, también acogieron inversiones inmobiliarias del cartel.

Lo sorprendente es que muchas de estas empresas no sólo sirvieron como fachadas: algunas llegaron a ser rentables y competitivas en el mercado. Sin embargo, detrás del aparente éxito económico se ocultaba la verdad: eran engranajes de un mecanismo criminal diseñado para que el dinero sucio circulara con la máscara de la respetabilidad.

Las empresas de fachada de Escobar fueron más que un método de blanqueo. Representaron su ambición de ser visto como empresario, no sólo como narcotraficante. "Pablo quería aparecer en la portada de la revista *Dinero*, no en la de *Crimen*", dijo un periodista. Y durante años, lo consiguió: logró confundir a una sociedad entera que aplaudía sus proyectos sin preguntarse por el origen de sus fondos.

El dinero de la cocaína no conocía fronteras. Para Escobar y el Cartel de Medellín, la verdadera fortaleza de su imperio radicaba en la capacidad de sacar los dólares de Colombia y darles apariencia legal en circuitos financieros internacionales. Allí entraban en juego los bancos extranjeros y los paraísos fiscales, engranajes indispensables en el lavado de capitales a gran escala.

A finales de los años setenta y durante los ochenta, Panamá se convirtió en la gran puerta de entrada. La ley bancaria flexible y la proliferación de sociedades anónimas hacían del país un refugio ideal para los narcos. Panamá era un banco sin candados, todo el que llegaba con dólares era bienvenido. No en vano, se calcula que cientos de millones circularon por cuentas panameñas bajo nombres ficticios o empresas de papel.

Los bancos suizos también aparecieron como destino frecuente. El secreto bancario, amparado por leyes férreas, ofrecía un escudo perfecto. Nadie preguntaba demasiado sobre el origen de los fondos, y la discreción se convertía en complicidad. Un fiscal colombiano de la época lo resumió con ironía amarga: "Aquí un campesino no puede abrir una cuenta sin papeles, pero en Ginebra un mafioso podía depositar millones sin que nadie se sonrojara".

Otro punto clave fueron las islas del Caribe, especialmente las Bahamas y las Islas Caimán. Allí se creaban sociedades offshore que servían como intermediarias en transacciones internacionales. Empresas inexistentes en lo físico, pero robustas en lo financiero, movían millones desde cuentas en Miami hasta bancos europeos. "Era como un carnaval de empresas fantasma: papeles que viajaban más que el propio dinero", confesó años más tarde un ex contable del cartel.

El caso del Banco de Crédito y Comercio Internacional (BCCI) ilustra hasta qué punto el sistema financiero global se prestó, consciente o inconscientemente, al lavado. Este banco, con sedes en más de 70 países, fue señalado en los años noventa de haber facilitado operaciones del narcotráfico. Para Escobar, instituciones de este tipo eran un puente invisible entre la cocaína colombiana y la economía mundial.

La magnitud de estos circuitos era tan grande que incluso la Reserva Federal de Estados Unidos se vio obligada a reconocer la penetración del dinero del narcotráfico en su sistema. Un informe de 1990 señalaba: "El flujo de dólares provenientes de la cocaína se ha convertido en un componente significativo de la liquidez bancaria en Miami". La paradoja era evidente: mientras el gobierno combatía a Escobar, el sistema financiero norteamericano se beneficiaba, aunque fuera de forma indirecta, de sus millones.

Los paraísos fiscales no fueron, pues, meros escondites exóticos. Constituyeron el nervio central de la economía criminal global. Permitieron a Escobar y a su organización mover cantidades imposibles de ocultar dentro de Colombia, camuflándolas en el engranaje legal de la banca internacional. De este modo, los dólares manchados de cocaína se transformaban en acciones, inmuebles o depósitos respetables, invisibles para el ciudadano común, pero decisivos para sostener el imperio del capo. Como escribió un periodista británico tras investigar el fenómeno: "Escobar no necesitaba un ejército de contadores en Medellín; lo tenía en Wall Street, en Zúrich y en Panamá. La globalización fue su aliada silenciosa".

Entre los muchos emblemas que dejó Pablo Escobar, ninguno resultó tan extravagante y perdurable como la Hacienda Nápoles, una finca convertida en palacio del exceso, símbolo del narco-poder y vitrina de la megalomanía del capo. Situada en Puerto Triunfo, a medio camino entre Medellín y Bogotá, la propiedad se extendía sobre más de 3.000 hectáreas, un territorio tan vasto que parecía un país dentro de Colombia.

La entrada principal, coronada con la réplica del avión en el que Escobar había realizado su primer cargamento de cocaína hacia Estados Unidos, resumía la filosofía del lugar: la ostentación como memoria del delito convertido en gloria. "Era un monumento a sí mismo", diría después un periodista, "una biografía escrita en concreto, fieras y lujos". La construcción de la hacienda fue un proyecto monumental que unía arquitectura, zoología y extravagancia. Escobar levantó mansiones de estilo colonial, pistas de aterrizaje privadas, hangares para su flota de avionetas y hasta un zoológico con especies traídas de África: jirafas, cebras, avestruces, hipopótamos y elefantes que paseaban bajo el sol tropical. "No quería un rancho, quería un imperio", recordaba uno de los ingenieros que participó en las obras.

Además de residencia privada, Nápoles fue un centro de exhibición de poder. Allí organizaba fiestas fastuosas con música, alcohol y celebridades, en las que la élite política y empresarial de la región se mezclaba con contrabandistas, sicarios y estrellas de fútbol. La hacienda era un lugar donde las jerarquías sociales quedaban suspendidas, bajo la lógica de que todo giraba en torno a la voluntad del patrón.

Pero más allá del lujo, Nápoles funcionaba como un mensaje político. En un país marcado por la desigualdad, Escobar mostraba que podía construir un paraíso en medio de la selva, financiado por la cocaína. "Era la demostración material de que el Estado no mandaba aquí, que el verdadero rey era él", dijo un campesino de la región. En cierto modo, la hacienda era también propaganda: mostraba que el dinero del narcotráfico podía levantar lo que el gobierno nunca había dado.

Las cifras de inversión son difíciles de calcular, pero los testimonios hablan de decenas de millones de dólares gastados en obras, animales y lujos. Desde una colección de autos antiguos hasta motocicletas de alta gama, pasando por helicópteros y un museo privado, Nápoles condensaba el imaginario del poder absoluto.

Con el tiempo, la hacienda quedó abandonada, saqueada y convertida en ruina, hasta que décadas después fue reconvertida en parque temático. Pero su memoria sigue viva como símbolo de una época en que el dinero de la cocaína parecía capaz de desafiar la lógica y la historia. Si Versalles fue el espejo del absolutismo francés, Hacienda Nápoles fue el espejo del absolutismo narco.

PARTE VII. LA CAÍDA DEL MONSTRUO

CAPÍTULO 15.
ENEMIGOS POR DOQUIER

Si en los años ochenta Pablo Escobar había logrado consolidar su dominio casi absoluto en el negocio de la cocaína, a comienzos de la década siguiente ese poder comenzó a resquebrajarse. Uno de los factores decisivos fue la irrupción de un adversario tan astuto como implacable: el Cartel de Cali, encabezado por los hermanos Gilberto y Miguel Rodríguez Orejuela, junto con José Santacruz Londoño y Hélmer "Pacho" Herrera.

A diferencia del estilo sanguinario de Escobar, los de Cali cultivaban una imagen de empresarios discretos, hombres de corbata que preferían los sobornos silenciosos a las bombas. "Ellos no querían ser noticia, querían ser poder", escribió un periodista de la época. Esa diferencia de métodos marcaría la rivalidad: mientras Escobar desataba el terror en Medellín y Bogotá, Cali construía una red de influencia que llegaba a políticos, banqueros y cuerpos de seguridad.

La confrontación no fue inmediata, pero sí inevitable. Cuando la presión internacional contra Escobar creció tras los magnicidios y la campaña de terrorismo, los de Cali vieron una oportunidad única para desplazarlo del negocio. "Escobar nos está hundiendo a todos con su locura", afirmó Gilberto Rodríguez en una reunión. El Cartel de Cali comprendió que la guerra abierta del "Patrón" contra el Estado ponía en riesgo las rutas, las finanzas y la supervivencia del negocio.

La rivalidad se transformó en enfrentamiento armado. Sicarios de Medellín atacaban a hombres de Cali, y los Rodríguez respondían con la misma moneda. A mediados de 1990, Medellín y Cali se convirtieron en tableros de una guerra silenciosa pero sangrienta, con asesinatos selectivos, secuestros y traiciones. Escobar se acostumbró a mirar hacia todos lados: ya no sólo lo perseguía el Estado, también lo acechaban sus antiguos aliados.

El golpe más decisivo fue la creación de Los Pepes (Perseguidos por Pablo Escobar), un grupo paramilitar integrado por ex socios, familiares de víctimas y, en gran medida, apoyado por los Rodríguez Orejuela. Los Pepes se dedicaron a cazar sistemáticamente a los hombres de Escobar, a destruir sus propiedades y a sembrar terror en su círculo cercano.

"Si Pablo sembró miedo en Colombia, Los Pepes le devolvieron la cosecha", diría años después un analista de seguridad.

De esta forma, la guerra entre Escobar y el Cartel de Cali no sólo fue un choque de mafias, sino un proceso que aceleró su caída. Mientras él quedaba cada vez más aislado, rodeado por enemigos visibles e invisibles, sus rivales de Cali se fortalecían, extendiendo sus tentáculos en el negocio mundial de la cocaína. La confrontación dejó clara una verdad amarga: en el mundo del narcotráfico, no hay lealtades eternas. Escobar, que había reinado como indiscutible señor de la cocaína, terminó cercado no sólo por el Estado, sino por aquellos que conocían sus debilidades mejor que nadie. Al final, Pablo no cayó solo por los policías ni por la DEA: cayó porque sus propios socios decidieron que había llegado la hora de acabar con él.

En 1992, tras la fuga de Pablo Escobar de La Catedral, la guerra contra él alcanzó una nueva dimensión. El Estado lo perseguía con el Bloque de Búsqueda, la DEA estrechaba el cerco internacional, el Cartel de Cali movía los hilos en las sombras… y, en medio de este escenario, surgió un enemigo inesperado: Los Pepes, sigla de *Perseguidos por Pablo Escobar.*

El grupo nació como una alianza heterogénea de ex socios, familiares de víctimas, paramilitares y rivales directos del capo. En realidad, detrás de su fachada de venganza personal, estaba la mano del Cartel de Cali, que encontró en Los Pepes la herramienta perfecta para desangrar a su adversario. "Si el Estado no podía con Pablo, nosotros lo íbamos a hacer pedazos", declaró años después uno de sus integrantes.

La estrategia fue clara: atacar no sólo a Escobar, sino a todo lo que representara su poder. Las propiedades del capo fueron dinamitadas, sus socios asesinados, sus abogados perseguidos y sus colaboradores expuestos públicamente en panfletos que los marcaban como enemigos de la sociedad. "Los Pepes no sólo mataban, también humillaban. Querían que Pablo sintiera que lo estaban despojando de todo", explicó un investigador.

Los atentados eran brutales y selectivos. En Medellín, residencias ligadas al cartel fueron incendiadas en plena noche, mientras familias enteras huían despavoridas. Empresarios que habían servido como testaferros aparecían acribillados en carreteras solitarias. Incluso los abogados que defendían a Escobar en los tribunales recibieron amenazas de muerte o fueron asesinados sin contemplación.

La opinión pública se dividió. Algunos vieron en Los Pepes a una suerte de justicieros anónimos que libraban al país del monstruo que tanto daño había causado. Otros, en cambio, denunciaron que no eran más que otro cartel armado, con la bendición tácita de sectores del Estado. Un periodista de Medellín escribió entonces: "Colombia ha pasado de tener un verdugo a tener varios. La ley del talión se ha impuesto y todos pagamos el precio".

Los testimonios posteriores alimentaron la sospecha de que Los Pepes actuaron con cierta complicidad del Bloque de Búsqueda. Aunque nunca se probó de manera concluyente, varios ex agentes reconocieron que existía una coordinación informal: "No compartíamos información oficial, pero tampoco los deteníamos. Ellos hacían lo que nosotros no podíamos hacer".

Para Escobar, la aparición de Los Pepes significó un golpe devastador. Ya no era sólo la policía la que lo perseguía, sino un enemigo íntimo, conocedor de sus redes, de sus caletas y de sus debilidades. Como reconocería un ex sicario del cartel: "El patrón empezó a sentirse acorralado. No podía confiar en nadie, porque los Pepes eran sombras que venían de adentro".

Los Pepes marcaron un punto de no retorno en la caída del capo. Fueron la expresión de que su poder ya no era absoluto, de que la violencia que él había sembrado comenzaba a volverse contra él mismo. Un ex funcionario del Ministerio de Justicia lo resumió con crudeza: "Escobar había creado una Colombia sin ley. Los Pepes fueron el monstruo que esa Colombia engendró para devorarlo".

Desde que el nombre de Pablo Escobar comenzó a figurar en las listas de los hombres más buscados, Estados Unidos lo convirtió en su enemigo público número uno fuera de sus fronteras. Para Washington, la lucha contra el capo no era sólo un asunto de justicia penal: era una cuestión de seguridad nacional. A finales de los años ochenta, la cocaína colombiana inundaba sus ciudades y se calculaba que hasta el 80 % del mercado en el país tenía el sello del Cartel de Medellín.

La DEA (Drug Enforcement Administration) fue el brazo más visible de esa presión. Sus agentes viajaban a Colombia, asesoraban a las fuerzas locales y tejían redes de inteligencia que se extendían desde Miami hasta los barrios de Medellín. "Escobar era para nosotros lo que Al Capone había sido en su tiempo: la representación del crimen organizado elevado a amenaza internacional", declaró un ex agente norteamericano.

Pero la presencia de Estados Unidos no se limitaba a la DEA. El Pentágono aportó tecnología de rastreo, helicópteros y equipos de comunicación, mientras el FBI colaboraba en la interceptación de llamadas y movimientos financieros. Un informe del Congreso estadounidense lo expresó sin rodeos: "Colombia se ha convertido en el escenario central de nuestra guerra contra las drogas. Escobar es el objetivo prioritario".

La presión tuvo también un componente político. Washington exigió a Bogotá no ceder ante las tácticas de terror del capo, insistiendo en mantener la extradición como herramienta fundamental. Cada atentado de Escobar contra intereses norteamericanos —como la bomba en el edificio del DAS o el avión de Avianca, que mató a ciudadanos estadounidenses— reforzaba la determinación de capturarlo vivo o muerto. "No es sólo un enemigo de Colombia, es un enemigo de Estados Unidos", dijo en 1992 el vocero del Departamento de Estado.

Esa presión influyó en la creación del Bloque de Búsqueda, una unidad élite de la Policía colombiana entrenada y equipada con asesoría norteamericana. Sus miembros tenían un solo objetivo: dar con el paradero del capo. La coordinación llegaba hasta niveles insólitos. Ex agentes han confesado que cada movimiento de Escobar era rastreado con tecnología de punta aportada por Estados Unidos, desde aviones espía hasta interceptaciones satelitales.

La intervención norteamericana, sin embargo, generó controversia en Colombia. Algunos sectores denunciaron que el país se había convertido en un escenario de "ocupación silenciosa", en el que la soberanía quedaba en entredicho. Otros, en cambio, celebraron la cooperación como única forma de acabar con un enemigo que había doblegado al Estado. "Sin la presión de Washington, Escobar habría seguido intocable. Fue la mirada del imperio la que precipitó su caída", escribió un analista en la época.

Para Escobar, la presencia de la DEA representaba la pesadilla que siempre quiso evitar: la extradición y la cárcel en suelo norteamericano. Sus últimas semanas de vida estuvieron marcadas por esa obsesión. "El patrón decía: 'prefiero morirme aquí que dejar que me lleven allá'", recordó un ex sicario. En efecto, esa determinación selló su destino: luchar hasta el final en Medellín, antes que rendirse a las autoridades de un país que nunca perdonó su desafío.

Capítulo 16.
El hombre más buscado del mundo

A comienzos de los años noventa, Pablo Escobar ya no era sólo el enemigo más temido de Colombia: se había convertido en el hombre más buscado del mundo. Tras su fuga de La Catedral en 1992, la persecución alcanzó un nivel de sofisticación nunca visto en América Latina. El Estado colombiano, apoyado por la DEA y otras agencias de inteligencia, desplegó una red de operaciones que combinaban la tecnología más avanzada con la presión militar y policial.

El centro de esa cacería fue el Bloque de Búsqueda, una unidad élite de la Policía creada exclusivamente para dar con Escobar. Sus integrantes eran jóvenes oficiales seleccionados por su disciplina y compromiso, entrenados por expertos colombianos y estadounidenses. "No éramos policías comunes, éramos cazadores", relató años después uno de ellos. El Bloque operaba con un solo lema: ningún lugar era seguro para el capo. Las estrategias de inteligencia incluían la interceptación de llamadas telefónicas, la infiltración de informantes en el círculo cercano de Escobar y la vigilancia aérea con tecnología provista por

Estados Unidos. Helicópteros Black Hawk y aviones espía sobrevolaban Medellín, mientras especialistas en comunicaciones rastreaban cada conversación que pudiera revelar la ubicación del fugitivo. Un oficial norteamericano explicó: "Lo seguimos con la paciencia de un francotirador. Cada llamada, cada visita familiar, era una pista en el rompecabezas".

El cerco no se limitaba a la tecnología. El Bloque de Búsqueda aplicó también tácticas psicológicas: hostigaba constantemente a la familia de Escobar, detenía a sus socios, confiscaba propiedades y destruía caletas. El objetivo era minar la red de apoyo que le permitía sobrevivir escondido. "La idea era que Pablo sintiera que cada día perdía algo: un amigo, un dinero, una casa. Queríamos que se fuera quedando solo", dijo un ex comandante.

La colaboración con Los Pepes multiplicó la presión. Mientras el Bloque lo perseguía en las calles, el grupo paramilitar desataba una guerra de desgaste, asesinando a sus hombres de confianza y volando sus fincas. Esa combinación lo obligó a vivir en constante movimiento, saltando de un escondite a otro, cada vez con menos recursos. El mito del hombre invisible comenzó a resquebrajarse. Escobar ya no podía moverse libremente por Medellín ni disfrutar del lujo que había caracterizado sus años de gloria. Se refugió en casas humildes, utilizó a su familia como mensajera y redujo sus comunicaciones a llamadas rápidas que, sin embargo, terminaron siendo su perdición. "Era el fugitivo más rico del mundo, pero vivía como un mendigo escondido", escribió un periodista.

La persecución contra Escobar se convirtió en una de las operaciones de inteligencia más intensas de finales del siglo XX. No era sólo la búsqueda de un criminal, sino la cacería de un mito, de un hombre que había desafiado al Estado, a Estados Unidos y al orden mundial de las drogas. La presión no cesaría hasta derribarlo, y cada estrategia aplicada acercaba el final de una historia marcada por la violencia y la megalomanía.

La caída de Pablo Escobar no puede explicarse sólo por la presión militar o la sofisticación tecnológica del Bloque de Búsqueda. El verdadero golpe que terminó por acorralarlo fue la traición desde dentro de su propio círculo. En la guerra contra el capo, la delación se convirtió en la moneda más valiosa, y cada hombre cercano podía transformarse, de un día para otro, en su verdugo. Escobar había levantado su imperio sobre la lealtad de sicarios, socios y familiares, pero esa lealtad se quebraba frente a las amenazas, el dinero o el miedo a Los Pepes. "Cuando los Pepes empezaron a matar a los abogados y a los testaferros, muchos decidieron que era mejor hablar que morir", relató un ex investigador. La violencia que el capo había utilizado durante años para garantizar obediencia se volvió contra él mismo: el terror se había convertido en incentivo para traicionarlo.

La red de informantes era amplia y diversa. Algunos eran antiguos lugartenientes que buscaban salvar la vida; otros, simples ciudadanos cansados del dominio del patrón en Medellín; otros más, familiares de víctimas que vieron en la cooperación con la policía una forma de vengarse. El Bloque de Búsqueda pagaba recompensas por información, y la DEA respaldaba con fondos secretos esas operaciones. "Cada pista tenía un precio. Había quienes arriesgaban todo por dar un dato que los acercara al botín", recordó un oficial.

Las traiciones alcanzaron incluso al círculo más íntimo de Escobar. Amigos de infancia, socios en negocios legales y hasta algunos parientes terminaron filtrando información, consciente o inconscientemente, sobre sus movimientos. El propio Escobar era consciente de esa fragilidad. En sus últimos meses de vida desconfiaba de todos, cambiaba de escondite cada dos o tres días y limitaba las visitas. "No creía ya ni en su sombra", dijo uno de sus antiguos sicarios. Cada llamada telefónica era un riesgo, cada rostro amigo podía ser el de un traidor.

El momento decisivo llegó cuando esa red de delatores permitió rastrear sus comunicaciones con la familia. La voz del capo, interceptada por el equipo de inteligencia, marcó el principio del fin. Como reconoció un agente de la DEA: "Al final no lo atrapamos por su violencia, sino por su necesidad de seguir hablando con los suyos. La sangre lo había aislado, la traición lo había delatado".

La historia de Escobar demuestra que ningún imperio criminal, por grande que parezca, puede resistir indefinidamente las grietas internas. Fue el mismo círculo de miedo y riqueza que lo sostuvo durante años el que terminó quebrándose y abriendo el camino para su caída. El rey de la cocaína, que había impuesto la lealtad con plomo y dólares, fue derrotado por aquello que más despreciaba: la traición.

Capítulo 17.
El fin de un imperio

El 2 de diciembre de 1993, Pablo Emilio Escobar Gaviria, el hombre más buscado del planeta, cayó abatido en el techo de una casa modesta del barrio Los Olivos. Su muerte puso punto final a un capítulo de violencia, terror y megalomanía que había marcado al país durante más de una década. Escobar había cumplido 44 años el día anterior. Celebró su cumpleaños en la clandestinidad, escondido, con una torta sencilla y una radio encendida para escuchar las noticias. Su vida ya no era la del capo que recorría haciendas y ciudades en avionetas privadas: era la de un fugitivo que cambiaba de refugio constantemente, con apenas un puñado de hombres leales a su lado.

La mañana del 2 de diciembre, Escobar realizó lo que sería su último error: llamó por teléfono a su hijo desde el escondite. El Bloque de Búsqueda, que venía rastreando sus comunicaciones con tecnología provista por Estados Unidos, logró triangular la llamada. En cuestión de minutos, agentes élite rodearon la manzana. "Era como si de pronto el cazador se encontrara dentro de la trampa que nunca imaginó", dijo un oficial participante en el operativo.

El tiroteo fue breve e intenso. Algunos dicen que Escobar se quitó la vida, pero la versión de la policía es que intentó escapar por los techos, disparando con su pistola, y quedó al descubierto entre las tejas. Una ráfaga de fusiles y un disparo certero en la cabeza lo derribaron. Su cuerpo cayó boca abajo, desparramado sobre las tejas rojas. Un policía resumió la escena con frialdad: "El hombre más poderoso de Colombia murió en una azotea de barrio, como un ladrón cualquiera".

La noticia corrió como un relámpago. En las calles de Medellín, muchos celebraron con júbilo; otros lloraron en silencio, recordando al benefactor que les había dado vivienda o trabajo. La imagen de su cadáver rodeado por agentes, con un pie apoyado sobre su espalda, se convirtió en una de las fotografías más icónicas y polémicas de la historia del país.

El gobierno de César Gaviria lo anunció como una victoria definitiva. "Hoy ha caído el mayor criminal de Colombia. Hoy triunfa la democracia sobre el terror", declaró en cadena nacional. Sin embargo, no todos compartían ese optimismo. Un periodista escribió: "Con la muerte de Escobar no se acaba el narcotráfico, se acaba un mito. Pero el negocio que lo engendró sigue intacto".

El 2 de diciembre de 1993 marcó el final del hombre, pero no del fenómeno. Escobar cayó, pero dejó tras de sí un legado de violencia, corrupción y desigualdad que seguiría resonando en Colombia durante generaciones. Su imperio terminó sobre un tejado, bajo la mirada de quienes lo cazaron y de un país que, al verlo muerto, descubrió que el monstruo era humano. La muerte de Pablo Escobar, lejos de cerrar todos los interrogantes, abrió uno de los debates más intensos de la historia reciente de Colombia: ¿cayó por una bala policial o decidió quitarse la vida antes de ser capturado?

Las autoridades del Bloque de Búsqueda fueron categóricas desde el primer momento. Aseguraron que un disparo en la cabeza, realizado durante el tiroteo en el barrio Los Olivos, había puesto fin a la vida del capo. La fotografía de los agentes posando junto a su cadáver parecía confirmar la versión oficial: un triunfo militar y policial que se exhibía como símbolo del fin del terror. "El Estado ha cumplido", proclamó el presidente César Gaviria.

Pero desde el seno de la propia familia de Escobar surgió otra versión. Su hijo, Juan Pablo Escobar —hoy Sebastián Marroquín— ha repetido en diversas ocasiones que su padre le había confesado su decisión de no dejarse atrapar con vida. "Mi papá siempre dijo: 'Prefiero una bala mía en la sien a terminar en una cárcel de Estados Unidos'", declaró años después. Para él y otros allegados, la herida mortal en la cabeza correspondía más a un acto de suicidio que a un disparo enemigo.

El análisis forense alimentó la controversia. Aunque el cuerpo presentaba varias heridas, el tiro en la oreja derecha —que atravesó el cráneo— levantó dudas. Algunos expertos señalaron que la trayectoria era compatible con un disparo autoinfligido. Otros, en cambio, insistieron en que la dinámica del tiroteo y la posición del cuerpo apuntaban a un impacto desde el exterior.

Incluso entre los investigadores persiste la ambigüedad. Un miembro del Bloque de Búsqueda admitió años después: "Nunca sabremos con certeza si fue nuestra bala o la suya. Lo cierto es que ese día Pablo decidió morir en un techo de Medellín".

El debate no es un simple detalle forense: simboliza la última paradoja de Escobar. Si murió por la mano de la policía, fue la confirmación de la victoria del Estado sobre el criminal más temido. Si se suicidó, fue la prueba de que hasta el final mantuvo el control de su destino, fiel a su promesa de no ser extraditado jamás. Un cronista colombiano lo resumió con crudeza: "Escobar había construido su mito entre la vida y la muerte. No podía desaparecer de otra manera que envuelto en la duda, dejando a Colombia preguntándose si lo mataron o si, como tantas veces, se salió con la suya".

PARTE VIII. EL LEGADO

Capítulo 18.
La herencia maldita

L a muerte de Pablo Escobar no significó el final de su historia. Su sombra siguió viva a través de su familia, obligada a cargar con el peso de un apellido que era, al mismo tiempo, sinónimo de poder, miedo y vergüenza. Para su viuda, sus hijos y sus parientes cercanos, el 2 de diciembre de 1993 fue el inicio de otro calvario: el del exilio, los testimonios dolorosos y los silencios impuestos por la memoria.

Tras el tiroteo en Medellín, la esposa de Escobar, María Victoria Henao, y sus hijos —Juan Pablo y Manuela— huyeron entre amenazas de muerte y la persecución de sus enemigos. Durante meses buscaron refugio en distintos países, pero pocos aceptaban recibir a la familia del narcotraficante más célebre del mundo. Según recordó María Victoria: "sentíamos que éramos apestados: en todas partes nos cerraban la puerta por llevar el apellido Escobar". Finalmente, hallaron asilo en Argentina, donde intentaron rehacer sus vidas bajo identidades cambiadas.

El hijo mayor, Juan Pablo, se convirtió con los años en la voz más conocida de la familia. Bajo el nombre de Sebastián Marroquín, publicó libros y ofreció entrevistas en las que buscó confrontar la memoria de su padre. "Quise contar la verdad para que no hubiera otra generación de Escobar. El precio de la violencia fue demasiado alto", afirmó en una de sus declaraciones. Su testimonio abrió debates: algunos lo vieron como un intento honesto de reconciliación; otros lo acusaron de lucrar con la herencia sangrienta del capo.

Manuela, la hija menor, tomó un camino distinto: optó por el silencio. Refugiada en el anonimato, apenas se conoce de su vida más allá de las dificultades emocionales que arrastró tras la muerte de su padre. "Ella nunca pudo superar que en la infancia tuvo todo y de repente se quedó sin nada", comentó un allegado. Su mutismo se volvió otra forma de lidiar con el peso insoportable del apellido Escobar.

María Victoria, por su parte, ha ofrecido su propia versión de la historia en entrevistas y memorias. Retrató a un hombre contradictorio: "Era un padre amoroso en casa y un monstruo en la calle". Sus palabras han buscado matizar la figura del capo, aunque sin poder desprenderse del estigma que la acompaña desde hace décadas.

Más allá del núcleo familiar, otros parientes de Escobar enfrentaron destinos dispares: algunos fueron asesinados en venganzas posteriores, otros terminaron procesados por complicidad en negocios turbios, y unos pocos lograron rehacer su vida en el extranjero. La familia, que alguna vez se bañó en lujos inimaginables, terminó desmembrada, perseguida y marcada por la desconfianza.

En cierto modo, el destino de los Escobar fue una prolongación de la tragedia colombiana: un relato de violencia heredada, de silencios impuestos y de memoria incómoda. Un periodista lo resumió así: "Si Pablo dejó millones enterrados, también dejó heridas que sus hijos y su viuda tendrán que cargar por siempre. Esa es la verdadera herencia maldita".

El apellido Escobar se transformó en un símbolo que trasciende la biografía del hombre. Para unos, representa el miedo, la corrupción y la sangre derramada en una época de terror. Para otros, especialmente en los barrios populares de Medellín, quedó asociado a la figura ambigua del benefactor que regalaba casas, dinero y canchas de fútbol. Así, el nombre Escobar quedó inscrito en la memoria colectiva con una dualidad que aún divide a Colombia y al mundo.

En Medellín, durante años, mencionar a Pablo Escobar era casi un tabú. Muchos evitaban pronunciar su nombre, como si nombrarlo fuera invocar de nuevo su violencia. Sin embargo, en otros sectores, sobre todo entre quienes recibieron su ayuda, el apellido se convirtió en bandera de identidad. "Aquí decimos sin miedo: somos del barrio Pablo Escobar", relató un habitante de la comuna donde el capo construyó viviendas para cientos de familias.

El peso simbólico del apellido trascendió las fronteras. En el extranjero, Escobar se convirtió en una especie de mito global: series, documentales, canciones y películas contribuyeron a reforzar su figura como un "narco-ícono". Un periodista estadounidense escribió: "Escobar es para Colombia lo que Al Capone fue para Chicago, con la diferencia de que su fama alcanzó proporciones planetarias".

Sin embargo, esa popularidad internacional contrasta con el dolor de las víctimas. Para los familiares de jueces, policías, periodistas y ciudadanos anónimos asesinados, el apellido Escobar no es sinónimo de mito, sino de luto. "Para muchos es una camiseta o un souvenir.

Para nosotros, es la cicatriz que nunca cerró", expresó la hija de un magistrado muerto en un atentado.

La memoria del apellido también se ha contaminado con la cultura del dinero fácil. Jóvenes que no vivieron la época repiten frases como "querer ser como Escobar" para referirse al ascenso social rápido y sin reglas. Este fenómeno preocupa a los educadores y a quienes trabajan por la memoria histórica, porque muestra cómo el apellido puede convertirse en aspiración en lugar de advertencia. El nombre Escobar sigue siendo un espejo roto: refleja la fascinación por el poder y la riqueza, pero también la herida abierta de un país que aún lidia con el peso de su historia.

Capítulo 19.
Escobar en la cultura global

Tras su muerte, Pablo Escobar dejó de ser únicamente un recuerdo colombiano para convertirse en un fenómeno global. Su figura trascendió los expedientes judiciales y los titulares de prensa para instalarse en el imaginario popular de millones de personas alrededor del mundo. El capo pasó de ser un criminal temido a convertirse en personaje popular de series, canciones y películas, alimentando un mito que se consume como entretenimiento.

El punto de inflexión llegó con la serie *Narcos*, producida por Netflix en 2015. Con su narrativa envolvente y la interpretación de Wagner Moura, Escobar se transformó en un ícono cultural de alcance planetario. "Lo que antes era miedo en Colombia, se convirtió en espectáculo para el mundo", escribió un crítico español. La serie mostró tanto la brutalidad como el carisma del capo, y logró que su nombre resonara en países donde apenas se conocía el mapa de Colombia.

Ese fenómeno audiovisual se sumó a una larga lista de producciones previas y posteriores: telenovelas, documentales, biografías y películas que repiten una y otra vez la historia del hombre que desafió al Estado colombiano y a Estados Unidos. Con frecuencia, esas narrativas mezclan realidad y ficción, generando un retrato ambivalente. Para algunos, son una forma de memoria histórica; para otros, un riesgo de glorificación. A propósito, señaló un investigador cultural: "Escobar es hoy un producto exportado, empaquetado como entretenimiento global".

La música urbana también lo incorporó a su lenguaje. Raperos, reguetoneros y traperos han usado su nombre como metáfora de poder, dinero o rebeldía. Frases como "ser como Escobar" aparecen en letras que circulan entre jóvenes que nunca vivieron los años del narcoterrorismo. Para estos artistas, el apellido funciona como sinónimo de grandeza en la ilegalidad, de un ascenso meteórico desde la pobreza hasta la cima. "El mito de Escobar ha sido reciclado como símbolo pop", afirmó un sociólogo cultural.

Esa apropiación global genera tensiones en Colombia. Para muchos ciudadanos, resulta doloroso que la tragedia de los años ochenta y noventa se convierta en moda o en eslogan musical. "Mientras nosotros enterrábamos a nuestros muertos, el mundo se entretenía con el show del narco", declaró un periodista de Medellín. Sin embargo, es innegable que la imagen de Escobar se convirtió en una de las exportaciones simbólicas más poderosas —y más polémicas— del país. El mito global de Escobar refleja la paradoja de la memoria contemporánea: lo que fue horror en un país se transforma en fascinación en otro. Es la mercantilización del crimen convertido en espectáculo.

Uno de los legados más inquietantes de Pablo Escobar es la forma en que su figura contribuyó a moldear una nueva cultura del poder en Colombia y fuera de ella. El narco dejó de ser visto únicamente como criminal para transformarse en un modelo de éxito rápido, de ascenso social sin reglas y de riqueza ostentosa que, en ciertos sectores, genera admiración. En las comunas de Medellín, Escobar encarnó la posibilidad de romper con la condena de la pobreza. Jóvenes que lo vieron repartir billetes o inaugurar canchas de fútbol crecieron con la idea de que el narcotráfico podía abrir las puertas que el Estado mantenía cerradas. "Él nos demostró que un muchacho pobre podía llegar a ser más poderoso que un presidente", confesó a un periodista un joven colombiano. Esa percepción, transmitida de generación en generación, aún alimenta la fascinación por el capo.

En el ámbito internacional, la imagen del narco como figura de poder se instaló con fuerza en la cultura popular. Camisetas con el rostro de Escobar, tazas con su apellido y hasta tours turísticos en Medellín que recorren sus antiguos refugios han convertido al capo en un ícono global del dinero fácil y el desafío a la autoridad. "El crimen, convertido en marca, se vende como cualquier otro producto cultural", explicó un antropólogo.

La música urbana ha reforzado esta aspiración. Letras de rap, trap y reguetón utilizan el nombre de Escobar como metáfora de riqueza, control y respeto en las calles. Para muchos jóvenes, ajenos al horror vivido en Colombia, el narco aparece como una figura romántica de rebeldía contra el sistema. Escobar es símbolo de que el poder no siempre se hereda, también se conquista con astucia y con miedo.

Esa construcción cultural preocupa a quienes buscan preservar la memoria histórica. La "narco-apología" se percibe como un riesgo que trivializa la violencia y convierte a los victimarios en héroes. El peligro es que la sangre se transforme en estilo de vida. Que el narco deje de ser advertencia para convertirse en aspiración. En el fondo, el fenómeno refleja la seducción del poder absoluto. Escobar, con su mezcla de generosidad calculada y violencia desmedida, condensó un arquetipo que aún fascina: el del hombre que lo tiene todo, lo controla todo y desafía todas las normas. Su figura, más que desaparecer, fue reciclada como un espejo de ambiciones y contradicciones en sociedades marcadas por la desigualdad.

Capítulo 20.
Entre mito y monstruo

La figura de Pablo Escobar sigue siendo una herida abierta y una incógnita en la memoria colectiva de Colombia y del mundo. Para algunos, fue un criminal despiadado, responsable de miles de muertes, un arquitecto del terror que desató bombas y asesinatos indiscriminados. Para otros, especialmente en los barrios pobres de Medellín, queda la imagen del benefactor, del hombre que construyó viviendas, regaló mercados y financió equipos de fútbol. Pero más allá de esas dos visiones contrapuestas, Escobar puede entenderse también como un síntoma del sistema: un producto de la desigualdad, la corrupción y las fracturas del Estado.

La etiqueta de criminal resulta incontestable en los hechos: asesinatos de jueces, ministros, candidatos presidenciales, periodistas, policías y civiles inocentes lo confirman. "Escobar fue el terrorista más grande que ha tenido Colombia", dijo un ex magistrado de la Corte Suprema. Su poder se cimentó en el miedo y en la capacidad de corromper todo lo que tocaba, desde políticos hasta instituciones enteras.

El mito del benefactor, sin embargo, persiste en la memoria popular. En los barrios que llevan su nombre o donde levantó casas, muchos ancianos todavía lo recuerdan como el hombre que les dio lo que el Estado les negó. "Sin él, yo no hubiera tenido techo", afirma una mujer de la comuna donde Escobar construyó centenares de viviendas. Ese agradecimiento convive con el horror, creando una memoria ambivalente, casi esquizofrénica.

Pero reducirlo a esas dos imágenes —el monstruo y el Robin Hood— sería quedarse en la superficie. Escobar también fue el resultado de un sistema en crisis: un país atravesado por la desigualdad social, la ausencia del Estado en vastos territorios y una economía global que demandaba la cocaína como producto de consumo masivo. "No fue sólo un criminal individual; fue la expresión de un fracaso colectivo", escribió un analista político.

Escobar encarnó la paradoja de un hombre que, desde los márgenes de la legalidad, logró desafiar a los poderes establecidos, al Estado colombiano e incluso a Estados Unidos. Su vida mostró hasta qué punto la corrupción podía penetrar en todos los niveles de la sociedad, y cómo la violencia podía convertirse en un lenguaje político. El debate sigue abierto: ¿fue un monstruo que devoró a Colombia, un benefactor para los pobres o simplemente un reflejo brutal de las contradicciones del sistema? Tal vez, como sugirió un cronista, Escobar fue las tres cosas a la vez: "Un asesino que regalaba pan, un padre amoroso que ordenaba muertes, un millonario que vivía como fugitivo. En su figura se concentran los extremos de un país herido".

La historia de Pablo Escobar no puede entenderse únicamente como la de un individuo excepcional. Su ascenso y caída son también un espejo de las condiciones estructurales que han marcado a América Latina: la corrupción enquistada en las instituciones, la violencia como forma de poder y la desigualdad como telón de fondo. La corrupción fue la savia que alimentó su imperio. Desde policías que cerraban los ojos hasta congresistas que recibían maletines con dólares, la red de sobornos mostró la fragilidad de los Estados frente al dinero del narcotráfico. "Donde hay corrupción, hay Escobares posibles", advirtió un politólogo colombiano. Esa lección trasciende fronteras: mientras la política siga siendo un terreno permeable al dinero ilícito, figuras similares pueden reaparecer bajo otros nombres y otros rostros.

La violencia, por su parte, se convirtió en un lenguaje cotidiano. Escobar elevó el terror a estrategia política, demostrando que una organización criminal podía desafiar directamente a un Estado. Pero la violencia no nació con él ni murió en su azotea: es el síntoma de una región donde las armas han reemplazado demasiadas veces al diálogo. Escobar no inventó la violencia en Colombia, la magnificó hasta que fue imposible ignorarla. La desigualdad fue el terreno fértil que lo hizo posible. En un país donde millones de personas vivían sin techo ni oportunidades, Escobar supo capitalizar el abandono estatal. Su dinero compró lealtades porque ofrecía lo que el Estado nunca garantizó: vivienda, salud, empleo. "El narco no llenó sólo bolsillos, llenó vacíos", escribió un sociólogo. Esa es quizá la reflexión más dolorosa: mientras persistan las brechas sociales, el crimen organizado seguirá encontrando espacio para legitimarse.

El caso Escobar ilustra un dilema más amplio en América Latina: cómo sociedades atravesadas por la desigualdad, la corrupción y la violencia pueden engendrar figuras que combinan el rol de benefactores y verdugos. Lo que en Colombia tuvo nombre y apellido, en otros países se ha manifestado en caudillos, carteles o grupos armados. Por eso, más allá del mito y la monstruosidad, la herencia de Escobar obliga a una reflexión regional.

No se trata sólo de recordar al capo como un criminal o como un símbolo pop, sino de reconocer que su existencia reveló grietas profundas en las estructuras sociales y políticas. Pablo Escobar fue un síntoma. Y mientras la enfermedad de la desigualdad y la corrupción siga viva en América Latina, su sombra seguirá acechando.

APÉNDICES

Cronología detallada (1949–1993)

1949

- 1 de diciembre: Nace Pablo Emilio Escobar Gaviria en Rionegro, Antioquia, hijo de un campesino y una maestra rural.

1950–1965

- Crece en Medellín, en un entorno marcado por la pobreza y la violencia política.
- Desde adolescente muestra ambición desmedida y rebeldía; según versiones, roba lápidas de cementerio para revenderlas.

1971

- Se inicia en el contrabando de cigarrillos, electrodomésticos y marihuana, en alianza con mafias locales.

1974

- Participa en secuestros y extorsiones en Antioquia. Se consolida como delincuente de peso.

1975

- Escobar organiza sus primeras operaciones con cocaína, comprando pasta base en Perú y Bolivia.
- Establece laboratorios clandestinos en la selva colombiana.

1976

- Se casa con María Victoria Henao.
- Nace su primer hijo, Juan Pablo (hoy Sebastián Marroquín).

1979

- La cocaína se convierte en un negocio millonario con rutas aéreas hacia Estados Unidos.
- Escobar ya controla una vasta red de laboratorios y pilotos.

1982

- Es elegido suplente en la Cámara de Representantes por el movimiento Liberal Alternativo.
- Inicia su campaña de legitimación como político y benefactor.

1983

- El ministro de Justicia, Rodrigo Lara Bonilla, denuncia públicamente a Escobar como narcotraficante.
- Escobar es expulsado del Congreso.

1984

- 30 de abril: Rodrigo Lara Bonilla es asesinado por sicarios del cartel de Medellín.
- El gobierno colombiano firma un tratado de extradición con Estados Unidos.
- Escobar responde con violencia y declara la guerra contra la extradición.

1985

- Apoya de manera indirecta la toma del Palacio de Justicia por el M-19; 94 personas mueren, incluidos 11 magistrados.
- El narcotráfico alcanza niveles de exportación sin precedentes.

1986

- Nace su hija, Manuela.
- Escobar aumenta su perfil como benefactor en Medellín, construyendo barrios, canchas y hospitales.

1989

- 18 de agosto: Es asesinado el candidato presidencial Luis Carlos Galán, opositor a los carteles.
- 27 de noviembre: Estalla una bomba en un avión de Avianca, mueren 107 personas.
- Escobar es señalado como autor intelectual.

1990

- El cartel de Medellín intensifica la ola de terrorismo: coches bomba, secuestros y asesinatos de jueces y periodistas.
- Escobar negocia entregarse bajo condiciones, temiendo la extradición.

1991

- 19 de junio: Se entrega al gobierno de César Gaviria y es recluido en la prisión que él mismo mandó construir: La Catedral.
- La Constitución de 1991 prohíbe la extradición de colombianos.

1992

- Escobar continúa dirigiendo su cartel desde La Catedral.
- Tras el asesinato de rivales dentro de la prisión, el gobierno ordena su traslado, pero Escobar escapa el 22 de julio.

- Se crea el Bloque de Búsqueda con apoyo de la DEA y la CIA.

1993

- Escobar vive como fugitivo en Medellín, saltando de escondite en escondite.
- Surgen Los Pepes, grupo paramilitar apoyado por el Cartel de Cali, que destruye su red de apoyo.
- 2 de diciembre: Es localizado por una llamada telefónica. Tras un tiroteo en el barrio Los Olivos, Escobar muere abatido en un tejado.

ÁRBOL GENEALÓGICO DE PABLO ESCOBAR

Padres

- **Abel de Jesús Escobar Echeverri**: campesino antioqueño.
- **Hermilda Gaviria**: maestra rural, de fuerte carácter, considerada una gran influencia en su vida.

Hermanos (más conocidos)

- **Roberto Escobar Gaviria ("El Osito")**: contador del cartel de Medellín. Tras la muerte de Pablo, escribió libros y se convirtió en figura polémica.

- **Argemiro, Luz María, Alba Marina y otros**: varios tuvieron roles periféricos o se mantuvieron al margen del negocio.

Esposa

- **María Victoria Henao** (se casaron en 1976, cuando ella tenía 15 años). Vivió a su lado toda su vida criminal. Tras su muerte, se exilió en Argentina.

Hijos

- **Juan Pablo Escobar Henao** (hoy Sebastián Marroquín): arquitecto, escritor, autor de libros sobre la vida de su padre.
- **Manuela Escobar Henao**: hija menor, permaneció en silencio y fuera del ojo público, con graves secuelas emocionales.

SOCIOS CLAVE DEL CARTEL DE MEDELLÍN

Núcleo de confianza

- **Gustavo Gaviria**: primo hermano y mano derecha de Escobar. Era el cerebro financiero del cartel. Murió en 1990 durante un operativo policial.
- **Carlos Lehder**: cofundador del cartel, pionero en la ruta de Bahamas hacia Miami. Fue capturado en 1987 y extraditado a EE. UU.

- **Jorge Luis, Fabio y Juan David Ochoa Vásquez**: los hermanos Ochoa fueron socios estratégicos en la producción y distribución de cocaína. Negociaron entregas parciales al gobierno en los noventa.

Aliados y operadores

- **José Gonzalo Rodríguez Gacha ("El Mexicano")**: socio militar de Escobar, conocido por su brutalidad y su ejército privado. Murió en 1989 en un operativo.
- **Griselda Blanco ("La Madrina")**: pionera del narcotráfico en Miami, aliada y rival en distintos momentos.
- **Pablo Correa Arroyave y Fernando Galeano**: capos de segunda línea que terminaron asesinados en las purgas internas ordenadas por Escobar.

Red criminal y logística

- **Pilotos y contrabandistas cubanos**: fundamentales en los años setenta para abrir las rutas aéreas.
- **Laboratoristas químicos**: responsables de transformar la pasta base en cocaína refinada, escondidos en la selva.
- **Sicarios**: miles de jóvenes de barrios marginales de Medellín, organizados en estructuras jerárquicas de lealtad absoluta.

Bibliografía

Aguilar Naranjo, Hugo. *Así maté a Pablo Escobar.* Bogotá: Planeta, 2015.

Aranguren Molina, Mauricio. *Mi confesión: Carlos Castaño revela sus secretos.* Bogotá: Oveja Negra, 2001.

Arias, Diego. *El cartel de Medellín: radiografía de una época.* Bogotá: Debate, 2010.

Bialowas Pobutsky, Aldona. *Pablo Escobar and Colombian Narcoculture.* Gainesville: University Press of Florida, 2020.

Blanco, Griselda. *La viuda negra: memorias de la madrina de la cocaína.* Bogotá: Planeta, 2010.

Bowden, Mark. *Killing Pablo: The Hunt for the World's Greatest Outlaw.* Nueva York: Atlantic Monthly Press, 2001.

Carrigan, Ana. *El Palacio de Justicia: una tragedia colombiana.* Bogotá: Intermedio, 2002.

Castro Caycedo, Germán. *Colombia amarga.* Bogotá: Planeta, 1987.

Castro Caycedo, Germán. *En secreto: historias de narcos y contrabando.* Bogotá: Planeta, 1989.

Castillo, Fabio. *Los jinetes de la cocaína.* Bogotá: Oveja Negra, 1987.

Duzán, María Jimena. *Crónicas de una infamia.* Bogotá: Planeta, 1996.

Duncan, Gustavo. *Más que plata o plomo: el poder político del narcotráfico en Colombia.* Bogotá: Planeta, 2006.

Duncan, Gustavo. *Los señores de la guerra: de paramilitares, mafias y autodefensas en Colombia.* Bogotá: Planeta, 2014.

Echandía, Camilo. *Narcotráfico, conflicto armado y Estado.* Bogotá: Universidad Externado de Colombia, 2016.

Escobar, Roberto. *Mi hermano Pablo.* Bogotá: Oveja Negra, 2000.

Franco, Vilma Liliana. *Paramilitarismo y reconfiguración de la violencia.* Medellín: Universidad de Antioquia, 2009.

Gaitán, Fernando. *Escobar, el patrón del mal: la historia real.* Bogotá: Aguilar, 2012.

García Márquez, Gabriel. *Noticia de un secuestro.* Bogotá: Diana, 1996.

Gootenberg, Paul. *Andean Cocaine: The Making of a Global Drug.* Chapel Hill: University of North Carolina Press, 2008.

Gootenberg, Paul (ed.). *Cocaína global: historias, economía y política de una droga transnacional.* Madrid: Taurus, 2014.

Guarnizo, José. *El hombre que derrotó a Pablo Escobar: la historia de Hugo Aguilar.* Bogotá: Planeta, 2016.

Jaramillo, Ana María. *Medellín: los orígenes de los sicarios.* Medellín: Universidad de Antioquia, 1990.

López, Andrés. *El cartel de los sapos.* Bogotá: Planeta, 2008.

Marroquín, Sebastián (Juan Pablo Escobar). *Pablo Escobar: mi padre.* Bogotá: Planeta, 2014.

Marroquín, Sebastián (Juan Pablo Escobar). *Pablo Escobar: in fraganti.* Bogotá: Planeta, 2016.

Melo, Jorge Orlando (dir.). *Historia mínima de Colombia.* Madrid: Turner, 2017.

Molina, Álvaro Camacho; et al. *Narcotráfico en Colombia: economía y política*. Bogotá: Universidad de los Andes, 1991.

Monsalve, Mauricio. *La caída del patrón: crónica del Bloque de Búsqueda*. Bogotá: Planeta, 2013.

Murphy, Steve; y Javier F. Peña. *Manhunters: How We Took Down Pablo Escobar*. Nueva York: St. Martin's Press, 2019.

Orozco Abad, Juan Carlos. *Narcotráfico y sistema político en Colombia*. Bogotá: Universidad del Rosario, 2015.

Pécaut, Daniel. *Guerra contra la sociedad*. Bogotá: Planeta, 2001.

Pécaut, Daniel. *Orden y violencia: Colombia 1930–2010*. México: Fondo de Cultura Económica, 2015.

Reyes, Gerardo. *Don Berna: el poder detrás de Escobar*. Bogotá: Debate, 2015.

Reyes Posada, Alejandro. *Guerreros y campesinos: el despojo de la tierra en Colombia*. Bogotá: Norma, 1997.

Roldán, Mary. *Blood and Fire: La Violencia in Antioquia, Colombia*. Durham: Duke University Press, 2002.

Salazar, Alonso. *No nacimos pa' semilla: la cultura de las bandas juveniles de Medellín*. Bogotá: Cinep, 1990.

Salazar, Alonso. *La parábola de Pablo: auge y caída de un gran capo del narcotráfico*. Bogotá: Planeta, 2001.

Sánchez, Gonzalo; y Donny Meertens. *Bandoleros, gamonales y campesinos: el caso de la violencia en Colombia*. Bogotá: El Áncora, 1983.

Sánchez, Gonzalo (dir.). *¡Basta ya! Colombia: memorias de guerra y dignidad*. Bogotá: Centro Nacional de Memoria Histórica, 2013.

Sáenz Rovner, Eduardo. *La conexión americana: narcotráfico, contrabando y lavado de dólares en Colombia, 1950–1970*. Bogotá: Universidad Nacional de Colombia, 2007.

Sáenz Rovner, Eduardo. *La historia de la cocaína en Colombia*. Bogotá: Universidad Nacional de Colombia, 2008.

Thoumi, Francisco E. *Economía política y narcotráfico en Colombia*. Bogotá: Ariel, 2002.

Thoumi, Francisco E. *Illegal Drugs, Economy, and Society in the Andes*. Baltimore: Johns Hopkins University Press, 2003.

Valencia, León. *Parapolítica: la ruta de la expansión paramilitar*. Bogotá: Debate, 2007.

Vallejo, Fernando. *La virgen de los sicarios*. Bogotá: Alfaguara, 1994.

Vallejo, Virginia. *Amando a Pablo, odiando a Escobar*. Bogotá: Random House Mondadori, 2007.

Vargas Meza, Ricardo. *Drogas, poder y región en Colombia*. Bogotá: Tercer Mundo, 2005.

Villamizar, Dario. *Las guerrillas en Colombia: una historia desde los orígenes hasta los confines*. Bogotá: Debate, 2015.

Villamizar, Dario. *El narcotráfico en Colombia: de las bonanzas a la globalización*. Bogotá: Debate, 2019.

**GRACIAS POR COMPRAR
ESTE LIBRO.
DESCUBRE MÁS EN
NUESTRA WEB:**